IBN BATTUTA
IN SRI LANKA

在斯里蘭卡看見伊本・巴圖塔

阿米娜・胡賽因
Ameena Hussein ㊆

肉桂、珍珠、紅寶石國度
追尋中世紀最偉大旅行家的足跡

我已達成今生所求——讚美真主——，在大地上遊歷探索，我也從中獲得了其他活動都無法造就的知識。

——伊本・巴圖塔

前言 …… 009
1 絲路的召喚 …… 017
2 求知去吧，哪怕遠在中國 …… 025
3 從丹吉爾來的人 …… 035
4 普塔勒姆 …… 047
5 肉桂海岸 …… 055
6 採珠人 …… 069
7 船舶和語言 …… 085
8 紅寶石之地 …… 097
9 別害臊，想要什麼儘管開口 …… 107
10 原住民 …… 121

CONTENTS

11 大象岩的神明 …… 131
12 鐵道轉彎處 …… 147
13 尋找沙摩 …… 161
14 聖山 …… 179
15 叫人打退堂鼓的山 …… 199
16 四十一名朝聖者 …… 209
17 吉蘭尼 …… 225
18 藍雲河路線 …… 239
19 五百名舞姬和一千名教士 …… 255
20 卡里 …… 269
21 喀朗布 …… 283
22 鹽田的土地 …… 301

後記 309
給讀者的話 313
謝辭 314

FOREWORD

前言

這位索利馬翁統治薩蘭迪布（Serendib[1]）——
薩蘭迪布在哪？某個愛挑剔的人說，
哎呀，我老實的朋友，查看地圖吧，
在我出發之前別嚇壞我的飛馬！
如果倫內爾（James Rennell[2]）沒把它畫出來，也許你會發現，
這座島就在辛巴達船長的地圖裡——
鼎鼎大名的航海家！他的驚險遭遇，
叫親朋好友不忍卒聞，
最後只好把一位腳夫請來家中做客，
對這位聽得入迷的人娓娓道來——

華特・司各特（Walter Scott[3]）〈追逐幸福；或索利馬翁蘇丹的心願〉（*The Search after Happiness; or the Quest of Sultan Solimaun*）

穿紫色七分褲、藍色印花衫和粉紅橡膠拖鞋去造訪普塔勒姆大清真寺（Grand Mosque of Puttalam）似乎很不得體，但一切發生得太快。前一刻我還坐著跟肥料商聊天，下一刻我已快步跟著他穿越馬路，來到清真寺入口。

事情要從一年前說起。某日，我們在卡拉迪普瓦（Karadipuval）自家的椰子樹和腰果樹小農場，那裡位於普塔勒姆以北十三公里處，外子山姆帶著驚喜的禮物剛從鎮上回來。一面髒汙的街牌顯示在他的相機螢幕，上面寫著意想不到的名字。伊本·巴圖塔街。長久以來，這位在十四世紀到過蘭卡島的中世紀摩洛哥旅行家，令我深深著迷。在我們的歷史書裡，除了粗略提及他到過這裡之外，他簡直消失不見。這面街牌激勵我展開行動。如果普塔勒姆有他的蹤跡，在別處肯定也有，我決心要尋找他的行蹤。我決意在二十一世紀的蘭卡尋索伊本·巴圖塔的足跡。

---

1 譯註：斯里蘭卡的古名。

2 譯註：一七四二－一八三〇年，英國地理學家和海洋學先驅，製作出最早期的孟加拉精確地圖，和精確畫出印度的輪廓。

3 譯註：一七七一－一八三二年，蘇格蘭著名歷史小說家、詩人、劇作家和歷史學家，浪漫主義的代表人物之一。

在這過程裡，我不得不做了很多揣測，走錯很多地方，繞了很多冤枉路，但這無所謂，一如伊本・巴圖塔，我走過一趟美好的旅程，也跟他一樣，發現鄉野奇譚和奇幻神話無所不在。

伊本・巴圖塔於一三〇四年二月二十四日出生於摩洛哥丹吉爾。這個小男孩有一個很長的名字：Shams al-Din Abu Abdallah Muhammad ibn Abdallah ibn Muhammad ibn Ibrahim ibn Muhammad ibn Ibrahim ibn Yusuf al-Lawati al-Tanji ibn Battuta。即便從蘭卡的標準來說，也是一個很長的名字。伊本・巴圖塔的姓名實際上是一個句子。Shams al-Din 是對學者的尊稱，意思是「信仰的太陽」（Sun of the Faith），這是他晚年贏得的頭銜。我們認為他的名字是穆罕默德・阿布・阿卜杜拉（Muhammad Abu Abdallah），阿布・阿卜杜拉的意思是阿卜杜拉的父親，這是中東習俗，以長子的名字來稱呼父母親。接著是他的宗系：ibn Abdallah ibn Muhammad ibn Ibrahim ibn Muhammad ibn Ibrahim ibn Yusuf，意思是…的兒子…的兒子…的兒子…的兒子，上溯到曾曾曾曾祖父尤蘇夫（Yusuf）。他名字其餘的部分則標示他的部族拉瓦提（Lawati）、出生地（丹吉爾）和他的姓氏（巴圖塔）。如今，幸好這饒口的一大串名字被濃縮為伊本・巴圖塔。

伊本・巴圖塔屬於丹吉爾的宗教上層階級，受過家族裡的男孩應得的教育。二十一歲那年他前往聖城麥加完成朝覲，這是每個穆斯林一生的願望。他旅途第一天的記述相當苦澀：「……我獨自啟程，沒有同伴可以愉快交談，在途中提振精神，也沒有商隊可以加入（吉柏〔Gibb〕）。抵達麥加後，伊本・巴圖塔停留了三年，在那裡鑽研宗教義理，每年完成朝聖。就當時的宗教學者來說，能夠在麥加研習是至高的成就。他不免遇到來自穆斯林世界各地的朝聖者和學者。也許就是結識了各方賢達的緣故，他展開了一趟日後踏上中國的旅程。在旅途中，他無數次獲得又失去財富。他曾經位高權重，也有好幾次淪為逃犯。他曾晉升為德里的首席伊斯蘭法官[4]（qadi），也就是宗教法官，任職九年。他受到許多統治者的款待，也被土匪襲擊過，有一次差點遇上死劫。他在五十歲回到丹吉爾，遊歷過四十個國家，走過十二萬公里路，當時的摩洛哥蘇丹命令書記官伊本・朱宰（Ibn Juzay）把伊本・巴圖塔口述的旅遊見聞抄錄下來。

從個人層面來說，他是個追逐功名、滔滔雄辯、多管閒事的人。他對於宗教和法理的觀念頑固，自認沒辦法讓馬爾地夫的穆斯林婦女遮蓋自身的乳房，是他身為伊斯

4 作者註：詮釋並執行伊斯蘭宗教律法的穆斯林法官。也可以拼寫為 qadi。

蘭法官的一大失敗，但他心胸又足夠寬闊，承認這些婦女從方方面面來說都是優良的穆斯林。他熱愛食物和女人，懂得欣賞美好人生。他觀察力敏銳，博聞強記，這不足為奇，畢竟他身為宗教學者，受過把整部可蘭經倒背如流的記憶力訓練，能夠就法理要義進行辯論，也熟悉與信仰有關的各種思想流派。這種教養訓練對他大有好處，因為儘管他多次遺失筆記，依舊記得旅行途中的很多細節，其中一些呈現出他對瑣碎事物的觀察入微，他全都記得清清楚楚真是驚人。他的書有個華麗的書名，《給喜歡異地城市與稀奇旅行之觀察者的獻禮》，而今我們一般稱為《遊記》[5]。

十九世紀初，德國旅行探險家烏爾里希．賈斯珀．西岑（Ulrich Jasper Seetzen）在中東獲得一套手抄本後，伊本．巴圖塔遊記才被引介到歐洲，其中包括一卷九十四頁的書稿，收錄了伊本．朱宰的刪節本。到了一八一九年，德國東方學者約翰．科澤加滕（Johann Kosegarten）出版了四本選粹。隨後刊登在《學者雜誌》（*Le Journal des Savants*）的書評，引起歐洲其他國家關注這項發現。同年，瑞士旅行家約翰．布克哈特（Johann Burckhardt）把另一刪節本的三本副本贈與劍橋大學。東方學者山謬．李（Samuel Lee）把該節本譯成英文，於一八二九年在倫敦出版。

一八三〇年代，法國占領阿爾及利亞期間，巴黎法國國家圖書館取得伊本．巴圖塔遊記的五份手抄本。其中一份僅包含這本遊記的第二部，日期為一三五六年，咸信是伊本・朱宰的字跡。其餘的有兩份是完整的手抄本。愛爾蘭法裔東方學者斯朗男爵（Baron de Slane）在一八四三年根據這些手稿把伊本・巴圖塔謁見蘇丹的內容譯成法文。法國學者查爾斯・德夫雷默里（Charles Defrémery）和貝尼亞米諾・山鳩內提（Beniamino Sanguinetti）自一八五三年起陸續出版這四卷系列。除了譯文之外，這套書還納入了阿拉伯文的重要版本。

一九二九年，李氏譯本出版整整一個世紀之後，歷史學家和東方學者吉柏（H.A.R. Gibb）從德夫雷默里和山鳩內提的阿拉伯文本中節選部分內容出版英譯本。吉柏完成了三卷《遊記》的英文註釋譯本後，於一九七一年過世，此三卷《遊記》由哈克盧伊特學會（Hakluyt Society）出版。他生前未完成的第四卷，由查爾斯・貝金漢（Charles Beckingham）接手，於一九九四年出版。今天，《遊記》已譯成多種語言在全球出版。

寫這本書的過程中，我參考了吉柏的譯本、亞伯特・葛雷（Albert Gray）翻譯的

5 編註：繁體中文版由商務出版社出版，《伊本・巴杜達遊記》。

德夫雷默里和山鳩內提的法文手稿、山謬·李的節本翻譯、馬赫迪·胡賽因（Mahdi Husain）的《遊記》譯本中印度、馬爾地夫群島和錫蘭的章節。為了清楚起見，伊本·巴圖塔文本的譯者，均標示在書中引文後方的括弧內。[6]

6 編按：引用文字將以標楷體標示。

1

絲路的召喚

（商隊聚集很多人）……揚起的塵土像海浪翻騰，前進的隊伍好似一朵高疊的雲團飄移……他們經常在夜裡行進，火炬高舉在魚貫而行的一連駱駝和轎子之前，只見一片土地發出光亮，把暗夜轉為白晝。

伊本・巴圖塔（吉柏）

絲綢之路或絲路一詞，是德國地理學家費迪南・馮・李希霍芬（Ferdinand von Richthofen）在一八七七年創造出來的。可惜這個名稱無法真正涵蓋當時那個貿易世界的巨大規模，因為交易的貨品不僅僅只有絲綢。最初的絲路穿越中國、阿富汗、印度、伊朗、伊拉克、敘利亞和土耳其，最後抵達羅馬。這條路線也囊括很多支路和海路，形成一個龐大網絡，覆蓋了中亞、南亞、東南亞、非洲、地中海和南歐。這條路線不是固定的，很多路徑的熱門程度多年來有起有落，沿路城鎮也遂而興衰更迭。

絲路持續了超過一千四百年，儘管中國史料明確記載開拓絲路的官員——西漢張騫；其實在更早以前，大約公元前三百年[1]，部分的路段已經存在。除了馬可波羅及其父親和叔叔，走完絲路全程的商人很少，大多數人甘於一整年循著慣常的路線走，甚至一輩子都走同樣的路。

在當今的年代，我們很難想像由馱著貨物的駱駝、驢、馬和騾構成，陣容龐大的商隊浩浩蕩蕩穿越戈壁沙漠的盛況——雙峰駝鈴迴響至深夜。要是我們在場，會看到商人穿著民族服飾，操著不同語言，膚色不一，吃的食物也不一樣，沒沒無聞地在歷

1　作者註：張一平，《絲綢之路的開通》，五洲傳播出版社，二〇一〇年。

史留下印記。

為了爭奪這條古代商路，拜占庭人、波斯人、穆斯林征戰不休，最後威尼斯人也捲入其中。陸地上的戰爭和衝突，催生了一條相仿的海路崛起。在伊本·巴圖塔旅行的年代，穆斯林的商貿勢力達到巔峰，不僅在陸上是如此，也在海上稱霸，對此，突尼西亞歷史學家伊本·赫勒敦（Ibn Khaldun）曾說道，基督徒就算用木板漂浮也難以闖入（貿易的海域）[2]。

正因為海上絲路的興起，斯里蘭卡得以徹底綻放商貿的實力。斯里蘭卡以眾多貿易品聞名——米、沉香木、肉桂、檀香木、黑檀木、樟腦、沒藥、芝麻、椰子、胡椒、檳榔、乳香、大象、象牙和寶石——，是這條海路的重要一環。

到了公元第六世紀，普羅柯比（Procopius of Caesarea）[3]寫道，來自遠東的波斯船艦和衣索比亞船艦在蘭卡交手，顯示那裡是貿易路線的樞紐。[4]在靠近阿努拉德普勒（Anuradhapura）的米欣特萊（Mihintale）古救濟院遺址出土的七至九世紀薩珊王朝（Sassanian）伊斯蘭儲物罐，證實該古城是阿拉伯人的重要貿易中心。[5]十三世紀時，普伐內迦·巴忽一世（Bhuvanekha Bahu I）派哈吉·阿布·烏斯曼（Haji Abu Uthman）前往埃及履行貿易合約，商品清冊列有珍珠、寶石和肉桂。[6]在埃及，敵國葉門的大使尤蘇夫・伊本・烏瑪（Yusuf ibn Umar）希望與斯里蘭卡締結貿易聯盟，但這番提議遭拒，反映了當時的地緣政治。埃及遠比葉門重要多了。[7]

早在十二和十三世紀，阿拉伯人已經在整個島上建立了代理人和副代理人的網絡，收集島內銷路好的所有產品來出口。這個體系非常綿密，各個港口都有專責的代理人從內陸收集產品。米和靛青從東海岸收集而來並送往亭可馬里（Trincomalee）；賈夫納（Jaffna）提供製作紅染料的驅蟲莧根、製作屋椽的扇櫚烏木，還有用來製作法器的鉛螺；庫迪里馬萊（Kudirimalai）是珍珠的採集中心；普塔勒姆是檳榔果、檳榔葉、黑檀、椵木、鎏金烏木（Calamander）以及製造橘色染料的蘇木的集散地；可倫坡

2 作者註：彼得・梵科潘（Perter Frankopan），《絲綢之路：從波斯帝國到當代國際情勢，橫跨兩千五百年人類文明的新世界史》（*The Silk Roads: A New History of the World*），聯經出版公司，二〇二〇年。

3 譯註：生卒年約五〇〇—五六五，東羅馬帝國學家，羅馬古代史學家。

4 作者註：卡馬利卡・皮爾斯（Kamalika Piers），〈古代與中世紀斯里蘭卡的海港與海航〉（Sea Ports and Seafaring in Ancient and Medieval Sri Lanka），《島內》（*in The Island*），二〇〇七年十二月十五日。

5 作者註：洛娜・德瓦拉賈（Lorna Dewaraja），《斯里蘭卡的穆斯林：一千年的族裔和諧》（*The Muslims of Sri Lanka: One Thousand Years of ethnic harmony*〔900-1915〕），斯里蘭卡伊斯蘭基金會（The Lanka Islamic Foundation），一九九四年。

6 作者註：同上

7 作者註：同上

（Colombo）是肉桂和寶石的中心；貝魯梅拉（Berumela）則是椰子油和椰殼纖維的中心，最後，迦勒（Galle）是象牙和大象的集散地。[8]所有貨物都貯存在港口的大倉庫，再裝運到出海的船舶上。事實上阿拉伯人盤踞整個國家的商務貿易，任何交易紛爭都是兩個穆斯林之間的糾紛，這種情況一發生，通常就由他們自己的一套律法來審理。[9]伊斯蘭化之前的阿拉伯人（這個詞涵蓋了整個西亞）和伊斯蘭化之後的阿拉伯人共同組成的一整體，自然而然在斯里蘭卡安頓下來，結婚生子，成為自古以來斯里蘭卡社會結構裡不可分割的一部分。穆斯林社群的存在助長了他們本身與當時的商業主力更頻繁的貿易往來，果然有益於整個國家和穆斯林社群。

由此可見，斯里蘭卡深受海上絲路和香料之路的影響，從而脫胎換骨，繼而以多種方式形塑這世界。一四九五年，瓦斯科·達·伽馬（Vasco da Gama）[10]雇用了阿曼的偉大領航員伊本·馬吉德（Ibn Majid），綽號「怒海之獅」，協助他從東非航向印度西海岸，就是為了尋找香料。假使馬吉德當時不願意伸出援手，這世界會是多麼的不同？

8 作者註：亞歷山大．莊士頓（Alexander Johnstone），引自他寫給大不列顛皇家亞洲協會（the Royal Asiatic Society of Great Britain）的一封信件，一八二七年。

9 作者註：德瓦拉賈，第三十七頁。

10 譯註：一四六九—一五二四年，葡萄牙著名航海探險家，第一位從歐洲遠航到印度之人。

2

求知去吧，
哪怕遠在中國

讚美歸於真主，祂開天闢地，使祂的僕人得以縱橫遨遊其中。祂在那裡造就了成長、報答和回憶的三個時刻，慷慨恩賜，使祂的受造物得以馴服野地的走獸，駕馭高聳如山的船舶，從而翻山越嶺，橫渡大洋。

穆罕默德・伊本・朱宰，伊本・巴圖塔遊記抄錄者伊本．巴圖塔和在絲路往返的其他在地人之所以能夠旅行移動，是因為他們所處的年代，正值伊斯蘭世界橫跨陸地與海洋之際。他們知道，不論走陸路或海路旅行，沿路都能找到殷勤款待和人脈關係。然而縱使有這樣的認知，旅行仍是風險很高的事，伊本．巴圖塔心知肚明。

先知穆罕默德逝世之後的兩百年間，伊斯蘭勢力自西班牙山區快速擴張到中國邊境。正是在這樣的地緣政治情勢下，伊本．巴圖塔開始旅行，因此信仰的追隨者得以在從大西洋到印度洋、從阿特拉斯山脈（Atlas mountains）到韃靼山脈的信徒網絡中旅行，安全無虞。伊本．巴圖塔在麥加期間，肯定聽聞了許多關於遙遠國度的描述，令他心馳神往。說實在的，有什麼比先知穆罕默德的勒令更能鼓吹人去旅行：求知去吧，哪怕遠在中國。這正是他決心去做的。

朝聖者和宗教學徒使得這條商道因為宗教狂熱而變得繁榮。從第三世紀起，摩尼教、基督教、祆教便來來回回大步走在這條路徑上，到了第七世紀，伊斯蘭加入了他們的行列。然而，遠在這些宗教之前，佛教是這條路上勢力最大的信仰。散布在這些道路的窟寺，例如中國的莫高窟、巴基斯坦斯喀杜（Skardu）的曼奢爾（Manthal）佛陀岩、哈薩克的坦加利塔斯（Tamgaly Tas）岩畫，均有助於散播佛教思想。伊斯蘭後來也仿效這個做法，建立了一個捐助網絡，資助當時穆斯林城鎮裡的客棧和伊斯蘭學院（習經院），給旅者一種聖地的感覺。在這些有金字招牌的路線旅行時，穆斯林旅人像是伊本．巴圖塔可觸及由同事、友人、同伴、雇主和主顧構成的龐大網絡。跟伊本．巴圖塔一樣受過教育的穆斯林是感受不到框限的。他們可以在任何地方生活和工作；他們在律法、教義和政治上的本領，在整個穆斯林世界無往不利，而且炙手可熱。

在旅途中，伊本．巴圖塔遇到來自世界各地形形色色的人，他們全都跟他一樣，為了追求知識、權力和財富，帶著十足的冒險精神浪跡天涯。這些人對於在斯里蘭卡、印尼和中國等地區的宗教傳播貢獻很大。就伊斯蘭教來說，有很多文獻記載了某群體在接觸了蘇菲主義（Sufi）之後皈依伊斯蘭的例子，譬如伏爾加．保加爾（Volga Bulghars），這名原本只是路過某部族的穆斯林商人，在族人束手無策之際，把部落國王和王后從鬼門關前救了回來。[1]在馬爾地夫群島，北非來的阿布．巴拉卡特（Abu Barakat），在十二世紀時讓信奉佛教的君王多維米（Dhovemi）改宗伊斯蘭，這位君王應是考量到，改宗能夠從阿拉伯人主宰的繁茂的印度洋貿易圈獲得利益。[2]同樣的，把伊斯蘭帶到斯里蘭卡的，就是商人、行醫者和朝聖者。

這其中也許男性占大多數，但並不代表女性不旅行。在亭可馬里發現的一名十四世紀阿拉伯穆斯林婦女的墓碑證實，當時在斯里蘭卡女性也會旅行。一份關於中世紀穆斯林世界的婦女研究指出，並非婦女不出門旅行，而是她們的旅行紀錄沒被保存下來。[3]考慮到宗教上對於穆斯林女性旅人在隱私和財產方面的要求，男性旅人就算要描寫她們也是很困難的。然而，儘管有這類禁忌，她們還是被提及。就連伊本・巴圖塔也不經意透露了，在不同旅途與他同行的女奴們和妻子們之外的女性旅人的一些細節。在某段記述裡他提到，有位土耳其婦女帶著男僕在小亞細亞旅行時，渡河差點溺斃的驚險過程。他看見一名婦女在沒有同伴的情況下獨自旅行而不會大驚小怪，代表這並非罕見。

1 作者註：彼得・梵科潘，《絲綢之路：從波斯帝國到當代國際情勢，橫跨兩千五百年人類文明的新世界史》。

2 作者註：史帝芬・普拉迪內（Stephane Pradines），《珊瑚石清真寺考古調查》（*Archaeological Investigations on the Coral Stone Mosques of the Maldives*），麥克斯・梵・伯赫姆基金會（Foundation Max Von Berchem），日內瓦，二〇一七年。

3 作者註：瑪麗娜・托馬契娃（Marina Tolmacheva），〈中世紀穆斯林婦女的旅行：無視千山萬里與險阻〉（Medieval Muslim Women's Travel: Defying Distance and Danger），發表於《中世紀貿易、旅行、探險百科》（*Travel, Trade and Exploration in the Middle Ages: an Encyclopaedia*），約翰・弗來德曼（John B. Friedman）和克里斯坦・菲格（Kristen M. Figg）編著，紐約：加蘭出版社（Garland Publishing），二〇〇〇年，第六五二－六五三頁。

旅行關乎交涉、求生、市井智慧和運氣。很多旅人是為了保住性命才勉強踏上旅程。有些人返鄉時成了殘廢或喪失心智。宗教朝覲就是吃足苦頭又花費很高的一個好例子。十九世紀里查・柏頓（Richard Burton）[4]前往麥地那和麥加的旅行記述中，便充滿了失去財物和性命的情節。

我的祖母艾沙（Ayesha），一九二八年跟著一家人展開朝聖之旅，一行人先是搭船，繼而跨上駱駝從吉達港前往在九十多公里之外的麥加。在回程中，她的公公，我的曾曾祖父穆罕默德・阿里（Muhammad Ali），也與家人同行，結果中暑身亡，不得不海葬。他的遺體以白布包裹起來，就像現今斯里蘭卡的穆斯林喪葬做法一樣。在祈禱儀式過後，哀慟的家人目送他的遺體從斜靠著船緣的木板上滑入海中。船長未雨綢繆，拍攝照片留念。這是在無數朝聖者身上發生的海葬故事。小時候，我眼中的祖母總是一派莊重鎮定、不動如山的模樣，我幼小的心靈很難想像她除了安穩坐著之外還會做些什麼，更別說是到麥加朝聖這等艱困的事。

伊本・巴圖塔不僅完成了前往麥加朝覲，伊斯蘭的五功之一，他還在穆斯林世界的中心修習神學。學成後，他大可返鄉，當個受人尊敬、學養深厚的宗教學者。究竟是什麼促使他加入商隊行列，跳上船隻，獨自穿越危險地區，讓性命多次危在旦夕？

什麼都有可能：遇到在東方有既得利益的商人、跟利用季風橫渡海洋的船長聊過天、甚或在中東遇到奇思異想的冒險家。從伊本・巴圖塔的《遊記》看來，那個時代似乎充滿了浪跡天涯的人，而伊本・巴圖塔不過是縱身躍入旅行與冒險世界的很多人當中的一個。

含蓄地說，伊本・巴圖塔是在相當驚險情況下抵達斯里蘭卡，或者他口中的薩蘭迪布。一三四四年八月，他決定離開待了九個月的馬爾地夫，因為那裡的政治形勢變得緊張。他計畫……從那裡（馬爾地夫群島）航行到馬巴爾（Ma'bar，科羅曼德爾）、薩蘭迪布和孟加拉，再到中國去（吉柏）。他想轉往印度南部航行，前往科羅曼德爾海岸，在那裡待幾個月，然後再前往薩蘭迪布。但是他匆匆離開馬爾地夫群島，在穆

4 譯註：一八二一－一八九〇年，英國軍官、地理學家、東方學家、探險家、語言學家、作家、外交官，偽裝前往異教徒禁止進入的聖城麥加，並完整記錄了這一過程。

魯克島（Muluk）搭上了一艘他所熟悉的船，船長是易卜拉辛。很遺憾地，易卜拉辛的航海技術不如伊本·巴圖塔以為的高超，沒多久船就遇上了麻煩，舵手無法馭風航行。就像穆斯林常說的，他們用計謀，真主也用計謀，真主是最善於用計謀的。（可蘭經，八：三〇）伊本·巴圖塔的船在大海上被狂風吹得忽東忽西，三天的航程拖得更久。在海上航行九天之後，他們看見了亞當峯（Adam's Peak）。我們看見那裡的薩蘭迪布山，聳入雲霄，彷彿一柱煙（吉柏）。最後船在薩蘭迪布島的西北海岸靠岸。

雖然我們知道伊本·巴圖塔在哪年哪月離開馬爾地夫群島，但很難確定他哪一天在斯里蘭卡上岸。海上航行受制於季風的變化無常。[5]相傳一位名叫西帕路斯（Hippalus）的羅馬領航員最先發現西南季風。但阿拉伯人早就知道季風的存在。季風的英文 monsoon 和僧伽羅文 mosum 都源自阿拉伯文的 mausim 一字，意思是季節，指出季節性的風向變化對海上航行的重要性。十二世紀旅行家伊本·朱貝爾（Ibn Jubayr）搭船進入吉達港時，對於船長和海員的技藝驚嘆不已，該港口如迷宮般的暗礁可能釀成船難，他甚至把海員比作馭馬的騎士。在伊本·巴圖塔的旅途裡，我們也看到很多例子描述航行憑藉的是海員對於風向的老練判斷。他在遊記裡說，當船進入馬爾地夫群島，需要本地人帶領才能在島與島之間穿行，否則很容易迷路。當船駛入群礁之中，必須找個本地人領航才能前往其他島嶼……如果船隻迷航，便不得而入，而且會被風吹到科羅曼德爾海岸或薩蘭迪布（吉柏）。伊本·巴圖塔的行程常常因為天氣惡劣而被迫耽擱。他離開斯里蘭卡後，在印度待了三個月，等到風向對了，他才返回馬爾地夫群島，探望他留在那裡的妻子所生的兒子。他首次前往馬爾地夫之前，在馬都拉島（Madura）等待順風的季節。中國史料指出，從阿拉伯到中國需要三個月的航程，但他們沒考慮到伊本·巴圖塔臨時起意繞點小路的短程旅行。這位摩洛哥人再次被耽擱，必須在卡利庫特（Calicut）待三個月，等待適合航向中國的季節。

我們知道伊本·巴圖塔在一三四四年八月底離開馬爾地夫群島，在海上航行九天，無意間被西南季風帶到斯里蘭卡的西北海岸。於是，他很可能在九月初來到斯里蘭卡，在十一月離開，在這島上停留了大約兩個月。

5 作者註：侯仁之，《中國歷史地理學專題論集》，施普林格出版社（Springer-Verlag Berlin Heidelberg），二〇一四年。

3

從丹吉爾來的人

全人類來自亞當和夏娃。阿拉伯人不比非阿拉伯人優越。非阿拉伯人也不比阿拉伯人優越；要知道，天下所有穆斯林彼此都是兄弟。除非自願的贈予，穆斯林兄弟的任何財物對於其他人都是非法的，因此，不要虧損自己。

先知穆罕默德的「辭朝宣言」

在讀伊本·巴圖塔的敘述時，你不由得會對他的決心、毅力和專心致志，充滿佩服和驚嘆。當旅行路線可能發生戰爭，他繞過區域衝突，一旦得罪了統治者，他逃往他處，惡劣天氣冷不防襲來，他耐心等待它過去。他走過馬木留克蘇丹國、東非海岸、小亞細亞、敘利亞、巴勒斯坦、金帳汗國的土地，最後到達德里。穆罕默德·圖格烈（Sultan Muhammad Tughluq）蘇丹任命他為伊斯蘭法官。然後九年過去了，當前往中國的可能看似渺茫，他在逆境中纏鬥，堅持到底，甚至辭去官職，最後他又重新得寵。穆罕默德·圖格烈蘇丹交付他特別任務，擔任大使，在一三四二年出使中國，謁見蒙古皇帝。此前大約一百年，蒙古勇士以摧枯拉朽之勢橫掃土耳其，改變了伊斯蘭的地景。蒙古軍聲勢浩大，老百姓聞風喪膽，但與此同時，伊斯蘭文化、蘇菲主義和密契主義在他們的統治下蓬勃發展。順蒙古人的意，才符合穆罕默德·圖格烈的最大利益。

他以大使身分啟程，依舊展現巴圖塔式的典型漫遊，行經馬爾地夫群島、斯里蘭卡、蘇門答臘，最後抵達中國。回程則經由蘇門答臘、馬拉巴爾海岸（Malabar），越過波斯灣到巴格達，再前往敘利亞，在那裡他目睹了於一三四八年肆虐的黑死病，商道沿路的景況宛如煉獄。他繼續前往埃及，從亞歷山大港到突尼西亞，從突尼斯經過薩丁尼亞島前往阿爾及利亞，再經由陸路前往非斯（Fez）。此時他幾乎已經到家了。

你不免會想，這人厭倦飄盪遊移了吧，但顯然沒有。他沒有回到家鄉丹吉爾（Tangier），反倒再次收拾行囊，越過直布羅陀海峽，造訪安達魯西亞和繁榮昌盛的格拉那達王國，又穿越摩洛哥去造訪位於尼日（Niger）的穆斯林曼丁戈（Mandingos）帝國，然後越過撒哈拉沙漠，最後返回非斯安頓下來，非斯當時是馬琳王朝（Marinid Dynasty）的皇都。

這是一趟精采絕倫的旅行，而且他能夠記住大量細節非常驚人。不過他也有遺漏的地方。阿富汗的巴米揚大佛（Bamiyan Buddha）就是一例。那是七百五十一個洞窟構成的建物群，其中有兩尊從山岩鑿成的巨大立佛石像。[1]二〇〇一年塔利班以反對偶像崇拜為由炸毀兩尊大佛之前，即使巴米揚大佛殘破不堪，得以親炙的人依舊既讚嘆又敬畏。不論如何，伊本·巴圖塔欣喜地行經此地，卻壓根兒沒提到大佛，而大佛就坐落在南下至印度、北上至大夏、西向至波斯的路線交匯口。你不禁會想，他一定有路過那兩尊立佛。沒有提到大佛的一個可能解釋是，儘管伊本·巴圖塔記錄了旅行的見聞，但是旅途中遭遇搶奪、船難和逃脫等劫難不計其數，很可能大量的筆記都遺失了，或者後來以一種不連續的方式從頭寫起。我們要記得一點，他是在旅行結束後多年，才對書記官朱宰口授了《遊記》。他記得住所經歷的一切？有沒有杜撰？很可能很多遭遇他都忘了，更可能的是，很多是編造出來的，但無妨，這仍舊是精采萬分的一本書。

不過，還是有美中不足的地方。很多學者懷疑，伊本・巴圖塔杜撰了在中國地區的遊歷。他們的質疑在於，那趟旅程路線很模糊，日期和年份要不闕如要不語焉不詳，地點和事件的描述也很不精確或者凌亂。還有疑似抄襲的種種指控，總之，伊本・巴圖塔的見聞並非可靠。事實上，對伊本・巴圖塔最不利的人，恐怕是他自己。當考慮到他早年在波斯、非洲和小亞細亞，以及他待在印度和馬爾地夫群島那幾年的遊歷，都記載了相當豐富的細節，比起他後來在遠東地區的旅行，也記憶得更清楚。我們先姑且不下定論，也許他講述自己的遊歷時一開始興頭很熱，後來就愈說愈不起勁了也未可知。不論如何，既然沒有人能證明他沒去過中國，我們應該把他的書視為對十四世紀穆斯林世界的一種映照，而不是他遊歷過的每個國家的寫實描述。[2]

幸好沒有人懷疑他來過斯里蘭卡。身為斯里蘭卡人，我最感興趣的是，他提供

1 作者註：彼得・梵科潘，《絲綢之路：從波斯帝國到當代國際情勢，橫跨兩千五百年人類文明的新世界史》。

2 作者註：羅絲・唐恩（Rose E. Dunn），《伊本巴圖塔：十四世紀穆斯林旅行家歷險記》（*The Adventures of Ibn Battuta, a Muslim Traveller in the 14th Century*），加州大學出版社，二〇〇四年。

了一個視界，讓我們洞察這個國家在十四世紀的模糊歷史，當時白人殖民主義尚未在十六世紀進入此地，尚未引入紀錄保存的狂熱。雖然那些記錄是從西方觀點出發的。他確實來到斯里蘭卡，儘管他的描述有一些落差，仍舊捕捉到很多真實！他記載了荔枝、大象、猴子、肉桂和泰米爾國王以及僧伽羅國王的存在，詳細描述了亞當峯的杜鵑樹，說到通往聖峯的鐵鏈和台階、德維努瓦拉（Devi Nuwara）的印度教寺廟、可倫坡港等等。

《遊記》對於作者本身透露的不多，但它逐步顯現了中世紀旅人的特性。在整本書裡，讀者會看到一位宗教上層階級的後代在長年旅行中對於一切遭遇的看法和反應。伊本・巴圖塔在二十出頭的年紀就是個專心致志、雄心勃勃的人，有一顆渴望認識世界的旺盛好奇心。他是正統伊斯蘭教出身，但對於密契路線（蘇菲主義）也真心感興趣，通常會把兩者融合起來。伊本・巴圖塔在穆斯林環境裡最是如魚得水，因此他大膽地浸淫在他所居住的穆斯林國家。他參與戰爭、涉入政治、締結婚約、生兒育女。

然而，什麼也無法把他永久留在某個國家，這也許透露出，他某種程度上的情感疏離，這個特質對於那個年代的商人、朝聖者和旅人十分重要。

《遊記》的內容大部分是遊歷各個國家的見聞，但這本書也透露出伊本·巴圖塔在二十九年的旅行生涯裡的幾項愛好：宗教之旅、豪奢品、美食、奴隸和女人。在他走過的每個地區和國家，他造訪知名宗教遺址，有時還特地繞路過去，額外增加不少日程。

他收藏貴重禮物和服飾，見識各地的奇珍逸品。在大布里士（Tabriz），琳瑯滿目的寶石令他目眩神迷，男奴穿華美衣袍腰纏絲帶，捧著這些珠寶對著突厥婦女展示兜售。他詳細列出中國皇帝送給德里蘇丹以及後者回贈的禮物，包括絲絨、絲綢、麝香、鑲嵌寶石的長袍、兵器、馬匹、金銀燭台、織錦袍服、帽子、箭囊、刀劍、珍珠繡飾手套。他抵達德里時帶著他在旅途中收受的華服、香水、馬匹、奴隸和一行僕從護衛。在德里，他獲贈更多禮物，一千枚迪納爾銀幣、繡金線的亞麻長袍，以及一筆津貼。

他對食物的態度可以說是過火。他始終善於鑑賞美饌佳餚，而且煞費苦心地描述為他所舉辦的，或者他為當地賢達舉辦的宴席。他鄙視粗茶淡飯，假使端上來的不是美食，他往往會感到受辱。在《遊記》這整本書裡，他一絲不苟地描述他的飲食，有時還因為食物不佳譴責某個統治者或國家。他對肉類的來源和準備方式很挑剔，時常不吃紅肉，以海鮮過活，或者茹素一段期間。在《遊記》裡更奇異的風味餐包括燕八哥、海鳥、鴕鳥、羚羊以及野驢、鶴、鑲餡蜥蜴和蝗蟲。他收到的很多餽贈是以食物形式呈現，他把最高的評價留給了他在中國看到的農產品。

身為穆斯林旅行家，也認為婦女應守特定禮節，但伊本・巴圖塔在《遊記》裡偶爾還是會讓一些女人露臉。有幾個例子很值得一提，讀者可從中對當時婦女的角色和地位有個概念。大多數時候，伊本・巴圖塔提起女人都是在他對該國女性的角色定位感到不解，或覺得很有意思的情況下，不管是設拉子（Shiraz）婦女每星期有三天到清真寺聆聽教義講道，人數多達數千，或是大布里士婦女搶購珠寶的揮霍無度。不過最令他感到驚奇的是突厥婦女的地位和所受的禮遇。他一再驚嘆她們與男性的平等關係和備受尊重；驚嘆她們上公眾場所不戴面紗，在家與男人平起平坐，不論有沒有親屬關係。他看到蘇丹和蘇丹的妻子一同統治國家，皇后擁有自己的土地和收入，而且治理後宮。

他在後來的旅行裡描述南印度婦女穿的是未經裁縫的衣料，衣料的一端纏在腰間，另一端披垂在頭上和肩上。他說她們戴著金鼻環，美麗又善良。他驚訝地發現，印度穆斯林興辦女子學校，她們都能背誦《可蘭經》。他談到馬爾地夫群島由一位女蘇丹統治，她的名字是哈蒂嘉（Khadeeja），但他厭惡馬爾地夫婦女裸露上身與頭部的風俗。他曾命令他的女奴遮蓋頭部和胸部，以禁止這種習性，但她們穿得很彆扭，他覺得並不雅觀，最後還是讓她們回歸原貌。在靠近中國的土地，他看見皮膚黝黑的女弓箭手騎在馬背上武藝高強。治理那片土地的公主擁有一支女性軍隊，她們打起仗來跟男人一樣勇猛。在非洲，他看見婦女不戴面紗，與男人一同參與禮拜。在那裡，男人和女人與異性交友作伴很平常，就連法官也有女性友伴，伊本．巴圖塔對此感到震驚。最後，在馬利（Mali），他看到蘇丹的女兒、少女、女僕、女奴赤身露體走來走去。到了這時，也許他已經見怪不怪，不再表示意見。

在他見識過的形形色色女人當中，伊本．巴圖塔表達過他偏好某一類型的女人。那就是巴達瑪（Bardama）的柏柏女人。伊本．巴圖塔本身也是柏柏人，給了柏柏女人最高的評價。柏柏女人是全天下女人當中面貌最姣好，身材最勻稱的，肌膚雪白而且非常結實；世上沒有哪個地方的女人比得上她們的結實（吉柏）。說出他的偏好後，二十一歲的伊本．巴圖塔幾乎立刻展開他的婚姻。一離開摩洛哥他便有了相當短暫的第一段婚姻，後來跟岳父起爭執於是離婚。在的黎波里（Tripoli），他再娶了來自非斯的妻子（第二任），後來又在大馬士革娶了另一個（第三任）並讓她懷孕，接著又在德里娶了已故蘇丹賈拉魯丁（Jalal-ud-Din）的一個女兒（第四任），顯然他也娶了馬巴爾或科羅曼德爾國王的妻子的姊妹為妻（第五任）。在馬爾地夫群島，他的娶妻活動進入全盛期，他宣稱，在這些島上娶妻很容易，因為聘禮很少，女性也很樂意出嫁。不過最樂的還是他，因為他在這裡娶了八個女人，總計有十三段婚姻！伊本．巴圖塔可是非名門之女不娶。除了頭兩任妻子之外，他娶的都是權貴男性的女兒、姊妹、遺孀和前妻。一般咸信，他離開某地區或國家時就跟當地娶的妻子離婚，以規避一夫最多只能娶四妻的伊斯蘭教規。這種做法並非不尋常，因為那個年代的女人不願意離開自己的國家。當然皇族女性遠嫁他國與夫婿居住異地則是例外。

伊本．巴圖塔的如魚得水可不只限於娶妻，他似乎也是女奴行家。顯然奴隸在當時是一種商品，可以購買、販售、贈與和交換。伊本．巴圖塔本身也買過很多奴隸，一些被當作禮物送給別人，一些留著自己用。皇族和商賈也回饋他很多奴隸。在土耳其和斯麥納（Smyrna），蘇丹和高官分別送給他很多希臘男奴。德里蘇丹、馬爾地夫宰相、爪哇蘇丹和廷巴克圖（Timbuktu）地區的首長都送他男奴和女奴。在跋迦瑪（Bhargama），伊本．巴圖塔買了一個名叫瑪格麗特（Marguerite）的希臘女奴。接著他在一天當中買了一名突厥童奴又把他賣了，因為穆斯林教長在這童奴身上看到不祥之兆。在中國，他遇見一個擁有五十名白奴的人，那人把其中兩名白奴送給他表示友好。在非洲他買了一名受過教育的女奴。他說緬甸蘇丹命令，每一艘在他的國境停靠的船都必須上繳一名女奴和白奴。在君士坦丁堡、克里米亞和其他地區，他帶著奴隸旅行，其中包括女奴。在卡利庫特，他跟船主要求一間獨立的房艙，因為他帶著女奴同行。他的兩名女奴被蘇門答臘的統治者擄走了，他把其餘的一些女奴留在印度的哈爾庫圖（Harkutu）。事實上，這位旅行家時時刻刻都有女人相陪，要不妻子，要不女奴。

至於孩子，他的妻子們至少生了兩個兒子。後來他再次前往大馬士革時發現，有個兒子在十二年前死了。第二個兒子是馬爾地夫的一位妻子生的。當他回去認這個兒子並打算帶他走，孩子的母親反對，他就把兒子留在當地。我見到我的兒子，我相信他留下來會更好，所以我就把他還給他們（吉柏）。既然伊本·巴圖塔絕口不提真實原因，我們也就無從知道發生什麼事讓他非留下兒子不可。他可能有很多女兒，但在《遊記》裡他只提到一個。在突厥斯坦，他的一個無名女奴在帳棚裡生下孩子。他們一開始告訴我是個男嬰，但後來我得知是女嬰。她出生之際，天上高掛著一顆幸運之星，打從那時起，每件事都令我感到喜悅與滿足。但是她在我抵達印度兩個月之後便過世了……（吉柏）。他沒有吐露對於女兒過世的內心感受。但隨著他的故事持續進行，很清楚的是，他至少真的愛過他的一名女奴。他離開斯里蘭卡時遇上暴風，不得不棄船逃生。這時伊本・巴圖塔做了個重大決定。我必須先確保他們安全，所以我說：「你們兩個先上筏，要帶上我喜歡的那個女孩」（吉柏）。這是伊本・巴圖塔唯一一次透露他對女人的感情。她也許是阿利亞・查克拉瓦提（Arya Chakravarti）蘇丹送給他的一個薩蘭迪布女奴。

4

普塔勒姆

我去首都普塔勒姆面見他（阿利亞・查克拉瓦提蘇丹）。那是座美麗的小城，被木牆和木塔包圍。

伊本・巴圖塔（吉柏）

既然伊本・巴圖塔的斯里蘭卡之旅是從普塔勒姆（Puttalam）開始的，我相信在這熟悉的地景裡應該很容易發掘他的行蹤。我和山姆一同造訪伊本・巴圖塔會堂，那是一座毫無特色的現代建築，也找不到這位旅行家本身的線索。會堂的守衛對伊本・巴圖塔毫無認識，只說他是個「好人」。我們認定普塔勒姆大清真寺應該有更多訊息才是，於是朝那方向去。但斯里蘭卡就跟穆斯林人口眾多的其他大多數國家一樣，清真寺與女性總是不對盤。

我留在我們的雙廂貨車裡頭等，山姆進到清真寺裡去預約我可以進入清真寺的日期。他看見老老少少一群男性盤腿坐在花磚地板上討論教義。找不到伊瑪目，山姆繼續走走晃晃，拿起相機探索這坐落在普勒塔姆潟湖畔，典雅肅穆的粉白色老式清真寺。他走近洗禮池時，一位戴頭蓋帽、穿白長袍的年輕人突然現身告知他，沒有清真寺理事會的許可是不能拍照的（我們的旅程遇到的很多禁忌的頭一個）。理事會的地點在對街一家肥料鋪，店名是阿布定斯（Abdeens）。過去十年來，我們都到那家肥料鋪去為我們那片小地產購置用品。收銀台的男子親切地跟我們打招呼。拉費可（Rafeek）先生上禮拜才對我們的橘樹和萊姆樹如何施肥給意見。在平常的寒暄兩句後，我們說明來意。

拉費可先生和他朋友，一位老紳士，耐心地聽我們冗長的說明。「聽過伊本．巴圖塔嗎？」我試探的問。那位老紳士馬上開始歷數他對伊本．巴圖塔的認識——阿拉伯旅行家……爬過這裡的亞當峯……不過，他認為這位旅行家不是在普塔勒姆上岸，很可能是在庫迪里馬萊（Kudirimalai），因為那裡更靠近採珠場。這消息比起我先前在普塔勒姆的調查強多了。我問普塔勒姆的其他居民「伊本．巴圖塔是誰？」，得到的答案總不脫：他是好人；他是阿拉伯人，到這裡打過仗；他是阿拉伯聖人，來過這裡；乃至於聽都沒聽過他的一張張空茫的臉。就一個穆斯林居多的城鎮來說，雖然有用伊本．巴圖塔命名的街道和公共會堂，普塔勒姆在紀念這位旅行家的表現卻不盡如人意。我那肥料鋪的消息人士，原來是普塔勒姆村幹事（Grama Niladhari）法瓦茲先生。坐在阿布定斯收銀台的拉費可先生，原來是清真寺司庫。我開始甜言蜜語哄著拉費可先生幫我跟理事會弄到拍照許可證。但這兩人顯然不急著實現我的請求。辛苦地手寫收據，又要招呼其他顧客，這兩人似乎忘了我們倆耐心地坐在他們面前。眼看著事情就快不了了之，是時候該效法一下伊本．巴圖塔的精神。學著伊本．巴圖塔的厚臉皮，山姆抬出名人來提高我們的身價。

「你知道慈善家也是商人的阿布杜爾．嘉福爾（N.D.H. Abdul Ghaffoor）？」山姆問。拉費可先生臉上有了光采，回答說：「那當然，嘉福利亞（Ghaffooriya）學校。」[1]聽到國內主要的習經院或者說伊斯蘭宗教學校的名稱，我熱切點頭。看似有苗頭了。他接著說：「嘉福爾大樓」。我又點頭點得更起勁。然後山姆指著我說：「她就是他的曾孫女。」拉費可盯著我一身紫色七分褲、藍色GAP棉恤，一臉盼著人家信服的模樣。「慕塔芝・瑪哈（Mumtaz Mahal）宅」，他提起。法瓦茲和拉費可不約而同入迷似的點了點頭。我祖父建造，以他女兒的名字命名，慕塔芝・瑪哈宅是我父親的老家。過去五十多年來，那裡是國會議長官邸。嘉福爾大樓和慕塔芝・瑪哈宅確立我的出身後，拉費可先生認為我有資格跳過理事會的面談，可以馬上進入清真寺。這就是我以那一身打扮進到清真寺的原因。

留下法瓦茲先生照料店面，拉費可先生陪著我們回頭再次穿過馬路。這一回我們很體面地進到清真寺。每到一處，拉費可先生便向人介紹我是阿布杜爾・嘉福爾的曾孫女，更不忘補充我祖父建造了慕塔芝・瑪哈宅。這彷彿是某種通關密碼，後來我在旅途中一用再用，向伊本・巴圖塔這個不知害臊的吹噓大王看齊。

1 作者註：我曾祖父在一九三五年創辦嘉福利亞學校，一所伊斯蘭教育的學院，現今在斯里蘭卡摩爾人之間仍家喻戶曉。

有個玻璃櫃嵌在前廳的一面牆內，邊牆貼了一張以僧伽羅文寫的影印公告。公告內容其實是這所清真寺的由來。十五世紀，在米拉·烏瑪（Meera Umma）女士捐贈的這片土地上，這所清真寺是所有村民協力籌集資金建造出來的禮拜堂。一七二零年四月六日，普塔勒姆款待康提國王波羅迦摩·那倫達（Shri Veera Parakrama Narendra）。居民舉辦盛大典禮迎接，國王龍心大悅，贈與清真寺和子民官印、一把白拂塵、一支白色寶傘、華麗的燈籠和一只巨大螺號。玻璃櫃裡僅剩殘存的巨螺號和白拂塵。伊本·巴圖塔在他的遊歷中也提到其他國家使用相同器物作為皇室象徵——華蓋、拂塵和鼓。看來這些表徵和儀典超越語言、地區和宗教。

接著拉費可先生給了我們罕見的特權，伴著我們來到清真寺的一樓，中央有個沙槽，上方有砝碼。起初並不清楚它的用途，直到我們看到木殼內的大型機械，連著懸掛在三樓天花板的三口大鐘。那機關是用來操縱清真寺圓頂上的巨型時鐘，時鐘有四面，分別朝向羅盤的基本方位——東方面向主街道、西方面向潟湖、北方和南方面向小側巷的店鋪。兩口大鐘會在整點時交錯鳴響，小鐘則在齋戒月裡警報每日禁食時間的開始與結束。這座清真寺在一九三八年仿造埃及亞歷山大港的十八世紀穆爾西清真寺（Al Mursi mosque）風格重建時，那巨鐘是一位匿名的天主教教士捐贈的。

從陽台小走廊可眺望潟湖和城鎮，景色壯麗。普塔勒姆依然是個老式城鎮，有慵懶的狹仄小巷和上世紀末的精緻建築，摻雜著醜陋的現代建物和剛翻新整修過、全都一個樣的清真寺——青色鋁框窗戶鑲著青色遮光玻璃。

縱使伊本．巴圖塔說普塔勒姆是個漂亮的小城，四百年後，當荷蘭人哈夫納（Haafner）在第八世紀末在此漫遊，在他筆下，這裡卻是一個很不討喜的地方。[2]當時普塔勒姆已經擴張為人口眾多設有小堡壘的大村莊，蕭條落寞，具有小規模造船業，營造單桅帆船、漁船（tunnies）和其他印度小型船，還有僧伽羅王朝開闢、當時由荷蘭人掌控的鹽田。今日的普塔勒姆是個特殊的穆斯林城鎮。經常可以看到男人穿沙籠戴頭蓋帽騎單車忙著做生意。鎮中心起碼有三座清真寺，方圓一公里之內，還多出十座，每天五次召喚信眾拜禱。在上學途中一身黑袍的少女把課本抱在胸前，年長婦人披掛著飄逸的腰巾（pota）或拉起垂墜的鮮豔紗麗遮蓋頭部，這種別具一格的傳統裝束，隨著正統瓦哈比派（Wahhabism）的強悍勢力蔓延了大半個城鎮，已逐漸式微。

為了進一步尋找伊本．巴圖塔的蹤跡，不管多麼微小，我最後來到普勒塔姆大街

2 作者註：哈夫納（J. Haafner），《徒步漫遊錫蘭島》(*Travels on Foot through the Island of Ceylon*, 1821)，亞洲教育機構（Asia Educational Services）出版，一九九五年。

上穆斯林人和泰米爾人開的珠寶店。我隨意進到一個店家內，穆罕默德和他的藝匠馬希爾（Mahir）好奇地抬頭。在這個保守的城鎮裡，一個外地女子進到鎮民周遭時，他們馬上會察覺到。馬希爾以一種奇怪姿勢坐在破損的蘆蓆上。一隻腿壓在屁股下，另一隻腿伸了出來微微彎曲。他用腳趾扣住一只銀踝鐲，同時用雙手對它加工——裁、磨、塑型。這兩人的答話都頗有趣。他們都聽過伊本・巴圖塔，他們問我，他是不是從海外來的觀光客。說不定是來做生意的，馬希爾大膽地這麼說，一面專心工作。穆罕默德秀給我看一只沉沉的銀踝鐲，誘惑我買下來。他把鐲子套在他毛茸茸的粗腳上，展示它的優美。開價一萬兩千盧比，但他願意降價。我表示遺憾，回絕了他，其實是那踝鐲不合我的品味。他們急著回頭去幹活，我也會過意來。兩人都客氣地跟我告別。

離開前，我問他們伊本・巴圖塔是不是從這裡上岸，他們同情地看著我。普塔勒姆沒有海，只有一座潟湖，他們耐心地解釋。他不可能在這裡登陸，他們熱心地說，但沒錯，他穿越普塔勒姆見到了國王。妳有沒有看見國王送他的禮物，他們問我。我一臉狐疑，然後他們說禮物就展示在清真寺的玻璃櫃內。我悟到伊本・巴圖塔已經捲入這個城鎮的歷史、傳統和民間傳說中，且不管他們讓他飛越了好幾世紀，因為伊本・巴圖塔人來到這裡的四百年之後，那國王才造訪此地！

5

肉桂海岸

海岸上到處是被洪流沖下來的肉桂樹枝，堆得像一座座小山。馬巴爾人和穆雷巴爾人（Mulaybar）只要回贈蘇丹一些織品和布匹，就可以免費帶走這些肉桂樹枝。

伊本・巴圖塔（吉柏）

當船因狂風大作而靠向普塔勒姆海岸，驚惶的水手們跟伊本．巴圖塔說，這個港口屬於阿利亞．查克拉瓦提蘇丹，他是令人畏懼的殘酷暴君。這個港口不在商人可以平安造訪的蘇丹國境內。它屬於阿利亞．查克拉瓦提蘇丹的領土，他是個邪惡暴君，還養了一支海盜艦隊（吉柏）。一三四四年，統治普塔勒姆的是賈夫納國王。儘管學校的歷史教科書略過了另一個北方王國，伊本．巴圖塔的敘述點出一個不爭的事實，在十四世紀，在這個國家的北部存在著一個獨立又強盛的王國。事實上，起碼有兩個主權實體統治這個國家的不同區塊的這個說法，早在西元六世紀已有記載。希臘商人科斯馬斯．印第科普萊特斯（Cosmos Indicopleustes）在著作裡指出，有兩個國王統治這座島的兩端，並談到他面見一位國王，名為庫瑪拉．達斯（Kumara Das）。[1]

大多數的學者認為，賈夫納王國大約在一二一五年立國，於一六二四年被葡萄牙人攻克而衰亡。[2]然而，關於在斯里蘭卡北部的阿利亞．查克拉瓦提王朝究竟維繫多久，可信的資料很稀少。查克拉瓦提（Chakravarti）一字的意思是「寰宇之王」，通常是

1 作者註：科斯馬斯．印第科普萊特斯是從索帕特（Sopater）獲得這個資訊，援引自詹姆斯．艾默生．田內特（James Emerson Tennent）所著的《錫蘭島概述》（*Ceylon: An Account of the Island*），一八六〇年。

2 作者註：《大英百科全書》記載，一五六零年葡萄牙遠征賈夫納王國未果。後來又在一五九一年二次入侵，成功扶植傀儡政權，直到十七世紀初期第三次入侵才併吞賈夫納王國。

印度人用來描述統治者的字眼。依據學者們的解釋，伴隨阿育王銘文所鐫刻的雄獅和轉輪（chakra）代表的意義是「轉輪王」（Chakravartin），也就是寰宇之王，並不是一般理解的佛教法輪。[3]

在印度泰米爾納督邦（Tamil Nadu）發現的十三世紀銘文，紀念一個名為阿利亞卡克拉瓦提（Aryacakravartis）的氏族，這個氏族似乎擁有封地，也屬於武官階級。從斯里蘭卡的記載來看，《小史》（*Culavamsa*）[4]提到，在十三世紀，潘地亞（Pandyan）國王馬拉法瓦曼．庫拉塞卡蘭（Maaravarman Kulasekaran）命令大臣阿利亞卡克拉瓦提氏攻打僧伽羅首都亞帕胡瓦（Yapahuwa）。兩百多年後，在十五世紀，《帝王譜》（*Rajavaliya*）[5]提到薩普摩（Sapumal）王子攻打並屠殺了阿利亞．查克拉瓦提。然而，數個世紀之間出現好幾位阿利亞．查克拉瓦提，沒什麼證據能夠明確指出伊本．巴圖塔面見的是哪一位阿利亞．查克拉瓦提。很可能是馬珊達．辛蓋．阿利亞安（Marthanda Singai Aryan），也就是知名的帕拉拉賈塞卡蘭（*Pararajasekeran*）[6]——在維迦摩巴忽三世（Vikramabahu III）統治期間（一三五七年至一三七四年間）進攻並占領內貢博（Negombo）和可倫坡地區的那位統治者。

回到普塔勒姆的外海，在船上的伊本·巴圖塔面臨一個難題。船靠近海灣時不巧颳起了暴風，他不得不採取行動。我們非常恐懼，不敢靠岸，偏偏這時候狂風大作，我們擔心船有翻覆的可能，於是我跟船長說，「讓我上岸吧，我去面見這位蘇丹，請他保證我們可以在這片海域安全通行」（吉柏）。這位摩洛哥旅人行走千山萬里，這路可不是白走的。在這個情況下，至少我們看到了伊本·巴圖塔的領袖特質，縱使在其他地方都不曾看到過。（船長）照我的話做了，讓我上岸（吉柏）。眼見一艘異國船隻靠近國境，國王的代表已經在海濱等著伊本·巴圖塔：一上岸就有異教徒過來對

3 作者註：桑吉夫·桑亞爾（Sanjeev Sanyal），《七河之地：印度地理史略》（*Land of Seven Rivers: A Brief History of India's Geography*），企鵝出版社，一九五八年。

4 譯註：僧伽羅人用巴利語撰寫古代歷史，主要記載於兩份文件：大史、小史。大史大約於西元四世紀時完成，而小史則約略於西元十三世紀時完成，涵蓋了從四世紀到一八一五年的時期。

5 譯註：以僧伽羅語寫的古斯里蘭卡編年史。

6 作者註：納瓦拉特南（C.S. Navaratnam），《泰米爾與錫蘭：自遠古至賈夫納王朝結束，隨附大事紀年表至一九〇〇年》（*Tamils and Cylon: From the earliest periods up to the end of Jaffna Dynasty with a chart of important events up to 1900*），撒維亞普拉卡撒（Savia Prakasa）出版社，一九五八年。

我們說：「你們是什麼人？」我告訴他們我是馬巴爾蘇丹的妻舅和朋友……（吉柏）。於是，就跟現今社會一樣，有人脈就可以行遍天下。伊本．巴圖塔搬出了他和皇室的關係，事實上他娶了那位蘇丹之妻的妹妹，……我前來拜訪（我的內兄），這艘船上載的是要送給（馬巴爾國王）的禮物（吉柏）。如果阿利亞．查克拉瓦提的代表有意洗劫這艘船，一聽到船上的物品是要送給該地區更威武的統治者，也會立刻打消念頭。

接下來進行了一套中世紀邊境管制程序，那整個地區通用的做法。類似在印度邊境，在地情報官會致函蘇丹穆罕默德．沙阿．圖格烈（Muhammad Shah Tughluq），鉅細靡遺地呈報到訪者的狀況，伊本．巴圖塔則被留在普塔勒姆海邊，等候阿利亞．查克拉瓦提的代表向國王報告情況。如果我們參照伊本．巴圖塔描述過的印度管制程序，可以確定阿利亞．查克拉瓦提會從到訪者的同伴、奴隸、僕人和牲口的數量及其行為舉止，來判斷這位旅者的身分地位。通過檢驗後，伊本．巴圖塔面見了國王，或者他所謂的異教徒蘇丹，他一概這麼稱呼非伊斯蘭信仰的那些統治者。於是他召見了我，我來到巴塔拉（Battala）拜見他，那裡是他的首都（吉柏）。

與拉費可先生一同站在清真寺陽台，我告訴他伊本·巴圖塔看見海岸上遍布著肉桂樹枝。從我站立之處望去，現有的這片海岸看起來不像會有肉桂樹枝堆積的情況。伊本·巴圖塔提到肉桂樹枝被洪流沖刷下來，這情形只會發生在靠近河流的地方。很可能是被山洪沖下來，一大批一大批留在海岸上（李氏）。我回想起法瓦茲先生說，上岸的地點在更往北一點。

普塔勒姆以北大約三十八公里處有一條卡拉河（Kala Oya）。伊本·巴圖塔會不會是在普塔勒姆以北更遠處上岸？如同法瓦茲說的，會不會是更靠近庫迪里馬萊岬（Kudirimalai Point）的地方？幾個月後，我有機會乘船沿著海岸朝同樣的方向航行，繞過葡萄牙灣（Portugal Bay）和荷蘭灣（Dutch Bay），我懂了當時的情況。卡拉河錯不了的有個大河口。如果伊本·巴圖塔的大船被迫停留在稍遠的外海，再轉乘小船去面見普塔勒姆的阿利亞·查克拉瓦提，他肯定會經過卡拉河口及其鄰近海岸，他會看到那裡堆積著肉桂樹和其他樹木的樹幹。如此一來他的敘述就非常合理：鄰近的海岸全都覆蓋著肉桂樹幹，枝幹被洪流沖撞得支離破碎。這些桂枝堆積在海灘上，形成一座座小丘（葛雷）。

肉桂是被剝取並風乾的樹皮，把樹幹外層栓皮刮去後，露出的淺金褐色內層即是。肉桂是一種古老的珍貴香料，原產於印度、緬甸和斯里蘭卡。所有跡象均指出，這種香料在古代是野生的，不見任何有組織的栽種形式。最早的參考文獻之一出現在希臘詩人莎芙（Sappho）歌詠沒藥、桂皮（肉桂）和乳香的詩篇。根據希羅多德（Herodotus），在公元前五世紀的埃及，肉桂被用在木乃伊的防腐配方之中；在公元前六世紀，猶太先知以西結（Ezekiel）談到了桂皮或肉桂在大馬士革的流通交易；在希臘薩摩斯島（Samos）赫拉神廟（Heraion）出土，年代溯及公元前七世紀的一件古物，咸信是肉桂。

多年來關於香料的奇幻逸聞不斷流傳。受到商人和旅人帶回來的故事影響，就連歷史學家希羅多德也不免誇大。看看他對於香料如何採集的描寫：他們採集肉桂的方式就更神奇了：

肉桂生長在哪個國家和哪種土地，沒人說得出來，只除了有人說（而且是個可信的說法），它生在酒神戴奧尼索斯成長的地方；他們又說，大鳥會擒取那些乾枝條，我們從腓尼基人學到把那種乾枝叫做肉桂，大鳥把肉桂枝帶到懸崖峭壁上築巢，那裡沒人爬得上去。於是阿拉伯人想出了一個計謀：他們把死的牛、驢等馱獸的四肢剁成大塊，放在鳥巢附近的地上，人退到一段距離之外等著鳥飛下來把肉塊帶回鳥巢；鳥巢撐不住肉塊的重量，就會崩裂落到地上；人就上前撿走桂枝。肉桂這樣弄到手之後，就從這地方流散到世上其他國家。[7]

接著再看看辛巴達的歷險故事，那是在一千多年之後寫成的，似乎也深受希羅多德的影響，以下是辛巴達第二次出航如何取得鑽石的描述：

我落魄地走在山谷裡，這時天空中忽然落下一頭被宰的牲畜；我環顧四周，不見一個人影，嚇得我魂不附體。這時我想起以前從商人、朝聖者和旅人聽到的故事；聽說出產鑽石的深山詭奇險峻，沒有人能進到山裡去；但鑽石商人想了一個法子，他們把羊宰了皮剝了，肉切大塊後從山頂丟到谷底，讓血淋淋的鮮肉沾黏許多鑽石。他們

7 作者註：《希羅多德歷史》（*The History of Herodotus*），英／希臘文對照，馬考雷（G.C. Macaulay）譯，一八九〇年。

把肉留在那裡直到中午，這時禿鷹會飛撲而下把肉擒到山巔，等禿鷹落地就要啄食之際，商人上前大呼小叫把牠們嚇走，收拾沾黏在肉上的鑽石然後離開，把肉留給禿鷹；這是取得鑽石的唯一辦法。[8]

縱使斯里蘭卡和印度南部出產的肉桂向來被認為品質最好，但這兩處的古文獻卻從未提及肉桂在最初的幾世紀屬於貿易商品，儘管史料提到了珍珠、寶石和印度鉛螺[9]。一般認為肉桂的商品價值要到十二或十三世紀之後才變得眾所周知。另一個說法是，早期文獻沒有記載肉桂是因為當時的貿易是由外來的代理人掌控的。在第十世紀，來自中亞布哈拉的詩人阿布．杜拉夫．米斯阿爾（Abu Dulaf Mis'ar）略為提及這座島的肉桂買賣掌控在外地商人手中。伊本．巴圖塔描述阿利亞．查克拉瓦提在任時期的肉桂交易，也暗示這交易掌控在馬巴爾和穆拉巴爾商人手中，這些商人從印度渡海而來收取肉桂，以回贈織品和布疋作為交換。也許要到十三世紀，斯里蘭卡人才開始透過阿拉伯商人與外在世界從事肉桂交易。因此，在伊本．巴圖塔來到這裡的前半個世紀左右，普伐內迦．巴忽（Bhuvanekha Bahu）派大使前往埃及時，肉桂已經納入交易商品之列。

到了葡萄牙人抵達這座島的年代，斯里蘭卡肉桂舉世聞名而且非常珍貴，從他們對康提的僧伽羅王所提出的條件可見一斑——每年貢獻四百巴哈爾（bahar）或者說七萬公斤肉桂，以換取葡萄牙的軍事保護。國王接受了。十五世紀義大利貴族旅行家魯多維柯・迪・瓦爾德瑪（Ludovico di Varthema）對肉桂樹做了詳盡的描述，和伊本・巴圖塔的粗略帶過很不一樣。瓦爾德瑪拿肉桂樹和月桂樹做比較，指出肉桂果實比月桂果實更小，顏色更白。他說肉桂每三年採收一次，把樹枝砍下後，剝除樹枝的外皮。接著要保存一個月進行熟成，以增添風味和香氣。[10]在特定時節——四月到八月和十一月到一月——把肉桂皮捲起來，然後再切成小段。國王掌管肉桂的交易，在可倫坡設有儲藏肉桂的倉庫，採收者每季把規定數量的肉桂上繳給國王，文官會記錄交付的數

8 作者註：《一千零一夜：阿拉伯之夜趣事的直譯》（*The Book of the Thousand Nights and a Night: A Plain and Literal Translation of Arabian Nights Entertainments*），里查・柏頓（Richard F. Burton）譯註，第六卷：一八五五－一八八八頁。

9 作者註：田內特，《錫蘭島概述》，一八六〇年。

10 作者註：《魯多維柯・迪・瓦爾德瑪旅遊見聞：一五〇三－一五〇八年埃及、敘利亞、阿拉伯沙漠、阿拉伯福地、波斯、印度和衣索比亞》（*The Travels of Ludovico di Varthema in Egypt, Syria, Arabia Deserta and Arabia Felix, in Persia, India, and Ethiopia, A.D. 1503-1508*），最初由倫敦哈克盧伊特學會（Hakluyt Society）於一八六三年出版。

額與金額。[11]

西方殖民之後，肉桂變得非常珍貴，荷蘭教士菲利普．巴爾狄亞斯（Philippe Baldaeus）如此讚嘆：「這座島的海倫，非最細緻純淨的肉桂莫屬。」荷蘭人開始在有規劃的肉桂農場種植肉桂。現今名為可倫坡肉桂園（Cinnamon Gardens of Colombo）的地方，正是荷蘭人最初培植肉桂的試驗場。荷蘭人也是每年採收兩次，通常在雨季收成。現今也差不多一樣。當樹齡到達三年，枝幹約有三公分厚就可以預備採收了。砍下來的枝條要先削掉外皮。接著肉桂工人用一支銅棍來搓擀枝條，讓內皮從硬木心鬆脫。內皮的兩側出現兩條平行的裂口時，就可以把內皮一整片剝離。然後把它的外側刮一刮，風乾後切成狹長卷狀，接著一卷裹一卷，層層疊疊從頭到尾包裹得密實，這叫做「卷」（quills）。這些肉桂卷靜置一天後，要風乾四到七天。

肉桂並非伊本．巴圖塔在普塔勒姆海岸看到的唯一貴重商品。這個島上還盛產巴西木，以及印度沉香木，當地叫做 alcalakhy（葛雷）。巴西木又名蘇木，被認為是那地區最優質的木材。沉香是香薰木，數千年來在很多社會文化裡都是珍貴物品，用途也非常多樣，從神聖的到藥用的到嗅聞的都有。早在伊本．巴圖塔抵達之前，這島內產的沉香在第九世紀已有文獻記載。[12]因此說不定對摩洛哥人來說，沉香是個熟悉的字眼。然而在今天，肉桂依舊是香料之后，這裡出產的肉桂仍居世界之冠。更重要的，多虧伊本・巴圖塔的觀察，我們握有一條線索顯示，在頭一名西方殖民者踏上這座島之前至少兩百年，這裡已經有香料的存在和交易。

11 作者註：安德魯・道比（Andrew Dalby），《危險的味道：香料的歷史》（*Dangerous Tastes: The Story of Spices*），加州大學出版（University of California Press），二〇〇二年，第四十頁。

12 作者註：〈蘇里曼，兩名伊斯蘭教徒的旅行〉（Soleyman, Voyoges of the two Mahometans），引述自田內特所著《錫蘭島概述》。

6

採珠人

有天我去晉見他，看見一旁堆著他轄下的採珠場上繳的大量珍珠。這位君王的奴僕正在把品質最好的珍珠挑出來。他對我說：「在你去過的那些國家裡，你看過採珠場嗎？」

伊本．巴圖塔（葛雷）

幾天之後的早上，我和山姆前往普塔勒姆以北兩小時車程的曼納島（Mannar）。我們駛上礫石路穿越威爾帕圖（Wilpattu）野生動物保護區。這一條路備受爭議，環保人士和動保團體為了瀕臨絕種的動物告上法院，希望把它封閉。不同形式的一條南北貫穿保護區的路，歷史久遠。[1]最初是一條步行道路，為了讓王公顯要通行，清理得乾淨寬敞。當荷蘭人決定把捕獲的大象運送到賈夫納，這條路變得很重要，為此大力修繕過。從一張一七六六年代的地圖可看出，這是可倫坡通往賈夫納的主要陸路，而這國家其他地區的道路品質都比不上這條幹道。[2]阿利亞・查克拉瓦提從賈夫納出發經過阿里普（Arippu）的採珠場南下到普塔勒姆，很可能也走過這同一條路。

在寬敞的紅土路上，我們緩速顛簸前行，路的兩側是高大的灌木叢，典型的旱地植物群風光。這條路多半很寂寥。有時會看見一輛卡車載著一家人和家當緩沉沉地駛過。一名摩托車騎士，一輛三輪車，偶爾出現一台巴士，路況差不多就是這樣。三不五時，眼前會出現一大片空地，讓我們有機會停車尋找大象或鹿的蹤影。可惜運氣不

1 作者註：《普塔勒姆—曼納島古道》（*The Ancient Puttalam-Mannar Road*），烏拉格達著（C.G. Urago-da），英國皇家亞洲協會，一九八二年。

2 作者註：同上

佳，兩者都沒看到。在一片絨草地的遠端，我們看到一家子的野豬在吃草，吃到一半悠悠抬起頭看著我們。零零落落的水鳥在捕魚，還有三隻猛禽打鬧嬉戲。不時有鮮豔的綠色食蜂鳥往我們眼前的沙地俯衝，但在最後一刻優雅地打個迴旋落在一支低懸樹枝上。

我們穿越庫迪里馬萊岬，而今那裡風化成狹長陸岬俯瞰著大海。我們在此短暫停留，去考察傳聞中佇立在陸岬上的巨馬雕像遺址，鄰近一座海軍軍營。而今只見一隻大馬蹄殘存下來，周遭是密密麻麻的灌木叢和荊棘，曾經俯視廣袤大海的巨馬雕像，僅剩那一丁點痕跡。故事要從庫迪里馬萊在古代由阿麗蘭妮（Alirani）皇后統治說起，但關於她本身或她的王國的史料很稀少或不可考。庫迪里馬萊的意思是位於泰米爾的馬山，這位皇后想必拿珍珠交換馬匹。羅馬人把某個海灣命名為 Hypporus[3]，這個字很可能源自希臘文的 hippos，意思就是馬，一般認為就是指庫迪里馬萊。此外，咸信印度王子毗闍耶（Prince Vijaya）曾在這個地點上岸。這個地點與歷史緊密交織，國家卻令人汗顏地無所作為，不管是保衛或者紀念。陪同我們來到陸岬尖端的一名年輕海軍軍官咕噥著說，庫迪里馬萊海濱有座古老的穆斯林聖堂。他說從陸地抵達聖堂並不容易，最佳視野是從海上望過去。他只知道這些，那可能是某個無名的蘇菲派苦行者、旅人或商人的墓。

一出了野生動物保護區，我們經過多利士（the Doric）宅，腓特烈．諾斯（Sir Federick North）伯爵宅第，目前凋敝破敗，大半已崩落至海中。諾斯以前常在這裡監督阿里普的採珠作業，通常在特定年份的二月、三月和四月進行。後來這座大宅由負責監管的人接手。當時英國文官告誡過，珍珠田有過度採收之虞。[4]他可真是未卜先知，因為最後一座殖民時期採珠場在一九二五年開張。後殖民的錫蘭擁有最後一座採珠場，於一九五八年開張。阿拉伯潛水夫或印度潛水夫已不復見，改由兩艘機械船在那海域以拖撈網撈取牡蠣。一袋袋珍珠被運到可倫坡拍賣。[5]採珠業於是告終。

3 作者註：老普林尼（Pliny），引自《我們的遺產：錫蘭與一千五百年之前的世界史》（*Our Heritage: Ceylon and World History up to 1500*），曼第斯（G.C. Mendis）著。可倫坡藥材公司出版（Colombo Apothecaries Company Ltd），第五版，一九六九年。

4 作者註：約翰．班內特（John Bennet），《錫蘭及其潛力》（*Ceylon and its Capabilities*），亞倫集團出版（W.H. Allen and Company），倫敦，一八四三年。

5 作者註：席瓦林甘（S. Sivalingam），〈一九五八年曼納灣的採珠業〉（The 1958 Pearl Oyster Fishery, Gulf of Mannar）。水產試驗所出版（Fisheries Research Station）。《公報》，第十一期，一九六一年。

伊本・巴圖塔享受阿利亞・查克拉瓦提的款待，有天，他看到這位統治者面前堆放了大量珍珠。伊本・巴圖塔喜愛一切華奢精品，開始誇讚那些珍珠。國王於是拿起幾顆珍珠，問他的賓客：「哪個島上的珍珠比得上這些嗎？」我說：「我沒看過這麼好的珍珠。」他聽了很高興，又說：「這些都送給你。」（葛雷）伊本・巴圖塔獲賞一大把珍珠。阿利亞・查克拉瓦提可能不知道，在伊斯蘭世界裡，珍珠是極其珍貴的寶物。穆斯林認為珍珠是火和水化合生成的，而且信徒在天堂裡會得到一顆中空的珍珠帳篷，帳篷有六十哩寬，每一角落有一名妻子和家眷等著。[6]

從歷史來看，珍珠是斯里蘭卡的驕傲，不僅列入貿易協定中，也當成禮物來餽贈。有記載採珠業的文獻，最早可溯自第九世紀，當時的巴斯蘭（Basran）商人蘇萊曼（Soleyman）提到，他從科摩林角（Cape Comorin）往東航行到亞當橋（Adam's Bridge）的途中，看到了採珠場。珍珠田分布在北方的曼納島到奇洛（Chilaw）和內貢博（Negombo），在那裡你可以在離岸十至二十英里海域找到珍珠貝。[7]伊本・巴圖塔本身也對珍珠著迷。在早年的旅行中，他見過土耳其商人娶的切爾克西亞族

（Circassian）妻妾不戴面紗，頭上戴的圓錐形帽子鑲嵌珍珠和孔雀羽毛。他本身就是個衣飾浮華的人，看見她們的穿著打扮比丈夫更奢華便大驚小怪。德里蘇丹交付伊本．巴圖塔帶去送給中國皇帝的一批苦命的女奴，最後葬身海底，其中包括幾副繡有巴林灣珍珠的手套。

在今天，我們都知道珍珠是怎麼產生的，但幾世紀之前，伊本．巴圖塔認為，牡蠣肉接觸到空氣之後化為珍珠。在珍珠採收季，伊本．巴圖塔見識過巴林（Bahrain）的採珠潛水夫，所以能夠詳細描述採珠的過程。他的敘述與阿里普採珠工人的說法大同小異。錫拉夫人（Siraf）是品德高尚的波斯人，其中有個阿拉伯部族以採珍珠維生。採珠場位於錫拉夫和巴林（Bahrayn）之間平靜如大河的海灣。在四、五月期間，會有大批船隻航行到這海域，載著來自法斯（Fars）、巴林和蓋提夫（Qathif）的潛水夫和商人。在下水之前，潛水夫會戴上一種玳瑁製的面罩和鼻夾，然後把一根繩索綁在腰間便潛入海裡。這些潛水夫在水下的耐受度不一，有些人可以待在水底一兩小時

6 作者註：理察．波義耳（Richard Boyle），《辛巴達在薩蘭迪布》（*Sindbad in Serendib*），Visidunu Prakashakayo 出版，二〇〇八年。

7 作者註：田內特，《錫蘭島概述》，一八六〇年。

或短一些。潛水夫抵達海底後，往礁石縫隙中尋找卡在沙裡的牡蠣，徒手把它拔出來，或者用一種專門的刀具把它刨出來，放進掛在脖子的皮囊裡。當他快憋不住氣時，會拉一拉腰間的繩索，在海面上握著繩索的人感覺到繩子被拉扯，就會把他拉上船。接著取下皮囊，把牡蠣殼撬開。他們看見殼內有肉，用刀把肉剖出來，肉一接觸到空氣馬上凝固為珍珠。這些或大或小的珍珠全都收集在一起。其中的五分之一要上繳給蘇丹，剩下的則由隨船商人收購。這些商人大多是這些潛水夫的債主，他們拿走與債款或債款利息等值的珍珠（吉柏）。[8]

儘管有其他旅人和作家證實他的描述，但潛水夫可以在水底一待兩小時的說法，也未免太誇張。根據紀錄，採珠潛水夫待在水底的時間最長是兩分鐘。不過，我們也先別急著丟開這個說法，因為十一世紀作家比魯尼（al-Biruni）寫道，他聽說有些潛水夫戴上皮囊和重物製成的一種裝置，能夠拉長潛水夫在水底的時間。比魯尼隨後建議，不妨裝上一根皮革長管將皮囊充氣，減輕重物的重量，好讓「潛水夫想待在水底多久就待多久，哪怕一整天也可以。」[9]這是危機四伏的行業，詩人像是葉慈和作曲家像是比才都從中獲得靈感，把錫蘭採珠潛水夫描繪得充滿異國風情並讚嘆不已。就連儒爾．凡爾納（Jules Verne）的經典歷險故事《海底兩萬里》，艦長尼莫（Nemo）及其團隊駕駛潛水艇「鸚鵡螺號」（Nautilus）在錫蘭西北的曼納島海灣遇到採珠潛水夫，也非常認可這座島聲名遠播的採珠業。

為了對珍珠商有更多認識，我拜訪了我的大伯。我曾祖父阿布杜爾．嘉福爾（我就是靠他的大名才進到普塔勒姆清真寺的）是個有名的珠寶商兼慈善家，所以我去拜訪繼承祖業的孫子了解更多資訊也是很自然的。珠寶商大伯聊起曾祖父會收購從曼納島採收以麻袋裝的未開封珍珠貝。他的手下會仔細篩檢每一麻袋尋找珍珠。你可能買了好幾袋但一無所獲，也可能只買一袋，結果得到一顆無價的珍珠。有趣的是，他們說起一個很少人知道的家族故事。我的祖父尤蘇夫．嘉福爾為了打動第二任妻子芳心，買了一袋未開封的珍珠貝當作禮物送給她娘家。未料他們在麻袋深處發現了含著無價黑珍珠的珍珠貝。賣了那顆珍珠後他妻子的娘家買了一座椰子園，而且命名為「黑珍珠莊園」。我很確定他的元配，也就是我祖母，以及她的一家子，並不開心。

8 作者註：伊本巴圖塔，《遊記》（吉柏譯），第一二二頁。

9 作者註：世界潛水運動聯合會（World Underwater Federation）網站。

曼納島的中心區非常小又沒什麼特色，除非必要，否則很難讓人想多逗留一會兒，不過你必須經過這裡，才能前往塔萊曼納島（Talai Mannar），繼而接上亞當橋或者說羅摩橋（Ram Sethu），也就是斯里蘭卡與印度之間的鏈狀沙洲。這座天然橋有個古老傳說，相傳是神猴哈紐曼（Hanuman）築出這座橋，幫助羅摩王子（Rama）攻入蘭卡，救出被蘭卡王拉伐那（Ravana）擄走的愛妻媳妲（Sita）。因為這個典故，這座橋又叫做羅摩橋。亞當橋這個更常用的名稱由來，則是早期阿拉伯人相信，亞當就是跨過曼納島和印度南部之間的這一串珊瑚礁，把夏娃從吉達帶到蘭卡。

塔萊曼納島有一大特色，這特色可追溯至中世紀，而且間接反映出這個國家與外在世界之間的貿易興盛。猢猻樹（the baobab）是一種很奇特的樹，僅見於這座島北部和西北部，但它原產於非洲。猢猻樹的存在足證曼納島曾是重要的商埠，著名的曼索丹港（Manthota）的所在地。曼納島擁有最大量的猢猻樹，台夫特島（Delft）有一棵，另有一棵在威爾帕圖的卡拉河畔。普塔勒姆的老一代都記得普塔勒姆大清真寺現址那棵巨大猢猻樹。普塔勒姆這棵猢猻樹佇立在穆斯林墓園附近，據說有七十呎高，周長四十六呎。[10]

伊本·巴圖塔前往馬利（Mali）時，看到了很多古老的大猢猻樹。他描述其中一棵，說那樹的樹蔭之龐大，一整支商隊在底下乘涼都沒問題。如果所言屬實，那麼曼納島猢猻樹的樹齡並不算大。伊本·巴圖塔說那棵樹枝葉已掉光，光是肥大樹幹就能撐起涼蔭。有些樹幹已腐爛空心，雨水聚集在裡面，彷彿水井一般，可供旅人飲用；有些中空樹幹裡則有蜂窩和蜂蜜。他甚至描寫到有個馬利織工把織布機擺到樹洞內，在那裡愉快地織布做生意。蘭卡的猢猻樹，很可能是旅人、商人和靈修者口袋內夾帶的種籽，飄洋過海在遙遠的薩蘭迪布一隅，氣候適合生長之處，落地生根。

整個西北海岸都是沙地和海水，形成了許多島礁和淤沙淺灘，以前稱為沙脊（gobbs）。幾百年前，顯然水手們會在這些沙脊待好幾月，喝蜂蜜調味的椰花酒

10 作者註：田內特，《錫蘭島概述》。

（Arrack）[11]消磨時光，直到航海季再度來臨。[12]有大量水手在這國家裡是因為，阿拉伯和印度小商船利用季風的吹拂沿著海岸緩行，往科摩林角（Cape Comorin）去，然後行經亞當橋再去到曼索丹港，曼納島上那繁榮的古港口。唯有小船能夠駛入曼索丹，大型中國船無法在那裡靠岸。[13]

曼納島以沙脊聞名。沙脊（gobb）一字源自阿拉伯文的 aghbab。當河水流向淤積沙和沖積土的海岸，遇上洋流，這些沙土會堆積成條索狀，順著海岸南北延伸。沙脊會迫使河水倒流並繞過沙脊另尋新的出海口。[14]普塔勒姆潟湖一度也被說成沙脊，以荷蘭運河接連可倫坡，但現今已經不再使用這個詞了。

多年前，我從自助旅聖經《旅人的錫蘭指南》（*Handbook for the Ceylon Traveller*）讀到，在塔萊曼納島海濱發現的兩座墓塚，相傳是亞當和夏娃的墓。幾年後，我在李奧納・吳爾芙（Leonard Woolf）所著的《生長》（*Growing*）讀到，一九零六年他在曼納島擔任代理公務員時，聽聞一樁據說是亞當和夏娃墓塚的「奇事」。二零零四年我在內戰停火期間第一次去到那地區，花了大把時間在塔萊曼納大街上走來走去，問一個聽起來很荒唐的問題：有沒有聽說過亞當和夏娃的墓？我遇到的大多數泰米爾天主教徒和印度人都直搖頭。大約過了三個鐘頭，路邊一座印度小廟的廟公（Kurukkal）[15]聽懂了我用阿拉伯話發音的夏娃——哈娃（Hawwa）。我一開口問他知不知道有兩座據說是亞當——我同樣用阿拉伯話發音，阿丹（Aadam）——和哈娃的古墓，他臉上閃現光采，用泰米爾語輕快告訴我如何抵達。我的泰米爾語破到不行，花了五分鐘釐清楚之後，我決定試試運氣。

在鄉間小路上彎來繞去，又跟站在整潔的椰葉（cadjan）籬笆前的村人不知問路多少遍之後，我來到一大片棕櫚樹叢。在樹叢另一端，我看到青漆和白漆相間，錯不了的一座穆斯林聖祠。其小巧的入口狀似玩偶，通往有長牆的圍場。入口面向一個密封的隆起構造，兩座長度罕見的墓塚坐落沙地上。這情景很像吳爾芙在百餘年前的描

11 譯註：國王椰子花苞的乳汁發酵蒸餾而成。

12 作者註：伊本・瓦哈卜（Ibn Wahab），引自田內特，《錫蘭島概述》。

13 作者註：田內特，《錫蘭島概述》。

14 作者註：同上。

15 譯註：印度喀拉拉邦的種姓，其傳統職能是廟宇主人。

述：用牆圍起的密閉空間，一大片打掃乾淨的沙地上，有兩座覆蓋著白布的土塚。

帶著娃兒的父母和祖父母一家人結束虔誠禱告後，跟我說起這聖祠令人驚奇的由來。大約四、五百年前，一艘漁船出海捕魚，發現一口大箱子在海面上下擺動。漁夫們試著打撈，希望能發現寶藏，但最後氣餒得看著那箱子愈飄愈遠。他們回到岸上之後，遇見另一群漁夫要出海，於是靠岸的這群泰米爾漁夫跟要出海的穆斯林漁夫們說起那口大箱子的事，請他們想辦法打撈回來。相傳那群穆斯林漁夫出海之後，沒有追著那箱子跑，反倒是那口箱子找上了他們！他們穩當地把那箱子帶上岸，打開時發現裡面躺著一對佳偶璧人的遺體。漁夫們認為他們一定是特殊人物，於是為他們辦了一場伊斯蘭葬禮，埋葬在靠近海濱的地方。

一個禮拜之後，帶頭的漁夫做了一個夢。在夢中這對佳偶先是感謝他把他們帶上岸，接著說起自己的身世。他們是亞當和夏娃。最後他們提出一個請求，請這位漁夫把他們的墓遷往別處，因為有太多酒醉的漁夫到他們墳上喧鬧作樂。那漁夫依照他們對埋葬的嚴格指示，找到了他們指明的安息地點，也就是他們現在安眠之處。在今天，這墓地祠堂因為信徒求子靈驗受到推崇。懷不上孩子的夫妻前來許願求孕，日後帶新生兒來祠堂還願和祈福。家中長老抱起寶寶放到每個墓碑上祈福。我不想問他們當真認為亞當和夏娃只有四百歲。去質疑這麼美麗的傳說太粗魯無禮了。

錫蘭考古學的首任專員（Commissioner of Archeology in Ceylon）貝爾（H.C.P. Bell），描述過一種習俗，當馬爾地夫人在海上過世後，遺體會被洗淨，為埋葬做準備，等待在陸地上舉行的宗教儀式。棺木內會放置三、四塊空心木（candou wood）好讓棺木漂浮，連同一筆錢和一張字條，請求發現棺木的人用那筆錢將死者體面地下葬，同時也說明死者的信仰。之後就把棺木投向海上。[16]也許這情況裡的亞當和夏娃是馬爾地夫人。

曼納區是蘭卡歷史的搖籃。印度王子毗闍耶在他稱為銅鍱洲（Tambapanni）的這地方登陸，建立了蘭卡王國。在《羅摩衍那》（*Ramayana*）的浪漫傳說裡，羅摩在此留下足音，救回他的妻子媳妲。人類的男族長和女族長咸信也在蘭卡西北海岸那片格外美麗的土地安息，這說不定再合適不過了。

16 作者註：貝爾（H.C. P. Bell），《馬爾地夫群島概述：自然地物、氣候、歷史、居民、產物和貿易》（*The Maldive Islands: An Account of the Physical Features、Climate、History、Inhabitants、Products and Trade*），一八八三年。

7

船舶和語言

我在科羅曼德爾海岸時，有天看到上百艘大大小小（阿利亞・查克拉瓦提的）船剛抵達。這些船停在港口，其中八艘屬於馬巴爾蘇丹，預定航向葉門。蘇丹下令備齊一切設施，並且調動軍隊來護航。當薩蘭迪布來的人明白，對這支船隊發動突襲不會成功，他們便說：我們只是來保衛我們那些同樣也要開往葉門的船。

伊本・巴圖塔（吉柏）

阿利亞．查克拉瓦提被視為海上霸主，他擁有的大大小小船艦超過一百艘，定期來回行駛在貿易路線上運送貨品。他不是貿易對手阿拉伯人的朋友也是很自然的事。

伊本．巴圖塔似乎暗示，阿利亞．查克拉瓦提船隊上的水手和海盜沒兩樣，密謀搶奪科羅曼德爾蘇丹航向葉門的船舶。有趣的是，這一段文字也指出，蘭卡王國是蒸蒸日上的海上強權。上百艘大大小小的船舶可不能小覷。

海軍少校索瑪斯里．戴文德拉（Somasiri Devendra），也是退休的海洋考古學家，乃首屈一指的海事權威，精通古蘭卡航海勢力的方方面面。根據他的見解，蘭卡人不僅會造船，僧伽羅人也是優秀的船員，可輕易加入他國船艦的組員。他列出一系列海船的演進，從附邊架的獨木舟（oruwa）開始，到平底駁船（paruwa），再到用作貨船的更大型單邊架的船（yathra dhoni），並記述北部以賈夫納、瓦爾維提圖萊（Valvettithurai）和金尼亞（Kinniya）等城鎮構成，和南部以希卡杜瓦（Hikkaduwa）和東當堵窪（Dodanduwa）為主的造船中心。這些船格外特殊，因為他們使用一種縫合技法來造船。

伊本．巴圖塔在馬爾地夫群島時，見識過船舶被用縫合方式打造出來。當地人會把椰子殼放到土坑裡曝曬，再用棍棒敲打，做成他所謂的椰殼毛絨，馬爾地夫婦女把這些椰殼纖維紡織成繩索，用來縫合船板。伊本．巴圖塔說，這種繩索比大麻繩更強韌有彈性，因此船在海上不會因為撞擊而崩解。這種繩索的需求量很高，出口到印度、中國和葉門。十二世紀地理學家埃德里西（Edrisi）提到，薩蘭迪布人種植椰子樹就是為了這個目的，把椰子殼纖維（coir）繩賣給阿曼和葉門來的船。椰子園出產的樹幹和木材除了供應島內造船業所需，也供應海外的船舶使用。

跟採集肉桂的故事一樣，這個獨特的造船技法也被寫進第五世紀的奇譚中。最有名的就是辛巴達的第六次航海旅行，他搭乘以縫合法所造的船隻航行，而不是用鉚釘固定船板的船，若非如此，薩蘭迪布附近的磁石島會把所有鉚釘吸走，讓船觸礁。這個想像力奔放的故事說明了最創意十足的造船法。[1]

然而，儘管古代和中世紀文獻（科斯馬斯．印第科普萊特斯和埃德里西）證實了一個生機勃勃的航海傳統，令人不解的是，為何後來的作者譬如圖森（Toussaint）認為蘭卡本地人從未望向大海，而是依靠外來者跟外在世界接連。在波隆納魯沃（Polonnaruwa）、庫魯內格勒（Kurunegala）和普塔勒姆地區出土的公元前一世紀碑文，描寫了帆船和海員特使的姓名。[2]中國史書《隋書》，一部隋朝歷史，講述錫蘭王派出一位名為基尤摩婁（Kew-mo-lo）的婆羅門階級帶領三十艘船舶趨近中國大使團搭乘的船隊。[3]同一份史料提到杜圖珈摩奴（Dutugemunu）誕生（公元前二零四年）時，有七艘阿拉伯船和中國船前來祝賀，滿載著中國皇帝要送給盧胡納（Ruhuna）王國的金器和其他禮物。蘭卡編年史也記述了這件事。關於航海傳統的最早參考資料來自《小史》，莫加蘭（Mogallana）國王在西元四九五年建立了一支國家艦隊，認為有必要設立海上偵察的武力。[4]羅馬人描寫蘭卡人把鳥帶上船的航海傳統，鳥會引導他們把船駛向陸地。[5]

雖然蘭卡船比羅馬船更小更慢，不過也大得足以載送馬匹，而且曼索丹港（曼納島）、果喀納港（Gokanna，亭可馬里）和果達帕瓦塔港（Godapavata，漢班托塔）在公元四世紀至七世紀之間已經為阿努拉德普勒（Anuradhapura）王朝帶來豐厚收入。這情況到了十二世紀仍舊持續著，波羅迦摩·巴忽一世（Parakrama Bahu I）派遣七百

---

1 作者註：田內特，《錫蘭島概述》。

2 作者註：卡瑪利卡·皮爾里斯（Kamalika Pieris），《古斯里蘭卡的航海業》（*Sailing Craft in Ancient Sri Lanka*），島嶼出版社（The Island），二〇〇五年。

3 作者註：田內特，《錫蘭島概述》。

4 作者註：皮爾里斯，《古斯里蘭卡的航海業》。

5 作者註：老普林尼，《自然史》，西元七七年。

艘船艦，意圖海外擴張，這次的船艦則大得足以把大象當貨物載送。十三世紀前往埃及的使節團便是乘著蘭卡人造的船艦出航，進一步證實了造船傳統。[6]那是一趟漫長的旅程，他們在荷姆茲港（Holmuz）上岸，正如馬木留克（Mamluk）文獻所確證，他們後續的海上航程在波斯灣上行，經過巴斯拉（Basrah）和瓦希特（Wasit），最後抵達巴格達。不過我們是從使節團所攜帶的信函裡窺見蘭卡以發達的造船業宣揚國威。信函以棕櫚葉（ola）包裝，放在金盒內，內容提議為馬木留克王宮造船。

少校索瑪斯里．戴文德拉想起一艘名為安娜波拉尼（Annapoorani）的多尼船（dhoni）[7]，在瓦爾維提圖萊建造然後由印度船主賣給一名美國富人的有趣故事。重新命名為佛羅倫斯．盧賓森（Florence C. Robinson）之後，這艘多尼船於一九三八年在船長麥克奎什（MacCuish）帶領下由一組蘭卡船組員航向波士頓。這一群泰米爾船組員在波士頓上岸後被描述為，纏頭巾穿裙子。

造船業後來如何呢？十三世紀之後，蘭卡的航海傳統急遽衰退。直到一九三零年代，賈夫納及其南部為往返於印度和仰光之間的商船提供泊位，不過這情況在二次大戰期間中斷，就此未再復甦。我們強盛的航海傳統至今只剩下附邊架獨木舟，被錯誤地叫做雙體船（catamarans，源自泰米爾文的 kattamaram）和 theppama，後者是釘木椿的木筏，把椰棕繩捆綁在木頭側面的溝槽而成。

雖然我們沒有史料可說明蘭卡人如何行駛船隻、使用什麼工具或技法，但我們有很多關於阿拉伯人和中國人在當時如何在海上導航的文獻。阿拉伯水手把族人在沙漠旅行時利用星象定位的技術轉移過來，發展出在海上導航的技術。他們使用牽星板（kamal），一塊矩形木卡，正中央有個洞，一條細繩從中穿出。他們利用一種名為「緯度航行」（sailing the latitudes）的導航方法，操縱細繩和木卡，即可知道所在的緯度。根據中國人的說法，而中國人深信什麼都是他們發明的，阿拉伯人從中國羅盤八天干十二地支四維的概念得到靈感加以修改後，在十二世紀帶往歐洲。中國人也精於解析海洋大氣。他們利用季風航行，是老練的造船手，又能夠夜觀星，晝觀日，藉此預測

6 作者註：韓佛瑞・威廉・科德林頓（H.W. Codrington），〈僧伽羅使節團出使埃及〉（A Sinhalese Embassy to Egypt）收錄於《皇家天文學會季刊》（*the R.A.S Journal*）（錫蘭）卷十八，一九一九—一九二一年。

7 譯註：馬爾地夫傳統船隻，船隻從船體、釘、纜繩到帆都取材自椰子樹，船首高翹。

天文現象。

伊本．巴圖塔沒有明確提起他搭乘蘭卡船隻航行，但是他搭中國船旅行的次數太多，多到他可以鉅細靡遺描述中國船。中國船顯然只在中國的兩座城建造。中國船隻分三種：大船叫做戎克船（junks）、中等大小的船叫做棹（dhows），還有被叫做客舡（kakams）的小船。他說大船可以乘載一千人，其中有六百人是水手，四百人是武裝人馬。大船有四層甲板，設有客艙、套房和商人交誼廳。如果這看起來像現代豪華郵輪，它們的相似處還不只這些。每個客艙有好幾個房間，配有專用廁所，如果有女性同行，房間可以上鎖以確保安全。伊本．巴圖塔自知，他攜帶很多女奴上船，不得不確保她們的人身安全。這種大船的一大驚人特色是，它自成一座小城。水手們會帶著自己的孩子和狗上船，有各種蔬食、青菜和薑種植在木箱裡。伊本．巴圖塔一度提到有個小孩落海，然後被不慌不忙救起。我們都知道，水手上岸後難免會把一兩個基因傳給陸地上的人，同樣的，也有人說全世界的狗都帶有中國基因。在蘭卡，我們的卷尾僧伽羅犬說不定是遠渡重洋的這些中國犬的遠親。

在普塔勒姆海岸登陸後，伊本・巴圖塔受到阿利亞・查克拉瓦提的禮遇和盛情款待。我在國王身邊待三天，享受一天比一天講究的盛大招待（吉柏）。想知道他們之間發生了什麼事，也許有必要看一看伊本・巴圖塔描述自己如何受到德里蘇丹的款待，因為一個地區的每個君王的做法都差不多，各個君王對於鄰近國家都非常注意和戒備，都熱切想知道他們怎麼治理國家。當時的統治者普遍很禮遇陌生到訪者，還會指派他們做官，或讓他們位居要津。德里的穆罕默德・沙訶（Muhammad Shah）習慣身邊的郵遞員、宮廷官員、內閣大臣、法官和姻親都是外邦人。這些外邦人被稱為「阿齊茲」（Aziz），意思是「高貴的」，他們進出宮廷屢見不鮮，以致於這個頭銜很快變成專有名詞。異國訪客對於統治者如此重要，原因在於他們是消息的管道。每位國王都急著保衛權力和疆界。他們身邊經常圍繞著內訌派系、口角紛爭、轉動不靈的官僚體系，哪怕一丁點消息也很有用處。我們不確定阿利亞・查克拉瓦提是否任命外邦人在宮廷裡當官，但是這情況在蘭卡並不陌生。十二世紀的埃德里西記載，傳聞該島的國王由司法暨執法諮詢法庭的十六人議會——四名佛教徒、四名基督徒、四名穆斯林和四名猶太人——輔佐。[8]

伊本・巴圖塔是閱歷豐富的外邦訪客，阿利亞・查克拉瓦提肯定看重他。我描述各國風土民情和國王的事蹟，他聽得津津有味（吉柏）。這是伊本・巴圖塔慣常演的戲碼，這位摩洛哥人老謀深算，經常在統治者之間搬弄是非。舉例來說，他說起自己在某個場合斥責設拉子蘇丹很吝嗇，只給區區七萬迪納爾金幣給赫拉特（Herat）國王大使，而印度國王賜給更多人更多倍的賞金。他抱怨馬利蘇丹虧待他四個月，最後那位蘇丹不得不賞給他住所，支付他每日的開銷，包括齋月期間的救濟金，以免他蒙羞受辱。我想像這些和更多的故事會讓阿利亞・查克拉瓦提感到有趣、著迷、消息靈通而且樂開懷，也會讓他知道伊本・巴圖塔期待自己如何被對待——如果阿利亞・查克拉瓦提想在海外有好名聲的話。

他們如何溝通？他懂波斯語……（吉柏）。阿利亞・查克拉瓦提應該懂波斯語，因為那是貿易的語言，而且伊本・巴圖塔也懂波斯語，因為那是旅行與宗教的語言。波斯語在當時，應該就像當今的英語在全世界通用一樣。伊本・巴圖塔靠波斯語跟印度統治者溝通，靠波斯語在南印度逃過一劫，在安達魯西亞遇見一團苦行僧，在馬爾地夫群島時從波斯朝聖者聽聞亞當峯，在巴林灣談論珍珠，跟波斯教長竊笑答兒麻失里（Tarmashirin）統治者。因此，阿利亞・查克拉瓦提懂波斯語就不足為奇了，搞不好還會說幾句呢。貿易、旅行和宗教——強大的三個動力，讓統治者和很多國家裡有教養的居民認為通曉波斯語非常重要。這也帶入了一個觀點，說明公元三六一年蘭卡使節團為何用阿拉伯語稱呼自己的國家為薩蘭迪瓦（Sarandiva），這樣羅馬皇帝尤利安（Emperor Julian）才知道他們究竟是打哪來的。[9]

而今，要確證波斯語在這個國家曾經重要，證據僅剩一個。在可倫坡博物館，你可以找到一九一一年在迦勒的克里普斯路（Cripps Road）的涵洞出土的一面碑石。石碑上鑿刻中文、泰米爾文、波斯文三種文字，乃鄭和攜帶至此。《佈施錫蘭山佛寺碑》，[10]明朝初年穆斯林太監海軍元帥，在一四一一年第二次下西洋，伊本・巴圖塔造訪這裡的六十七年後，來到這個國家，石碑詳細描述了獻給這國家三位神明的禮物。

8 作者註：唐諾・奧貝賽克拉（Donald Obeyesekere），《錫蘭史綱》（*Outlines of Ceylon History*），一九一一年初版，一九九九年再版。

9 作者註：森納拉特・帕拉納維塔納（Senarat Paranavitana）和尼古拉斯（C.W. Nicholas），《錫蘭簡史：從遠古至葡萄牙於一五〇五年登陸》（*A Concise History of Ceylon: From the earliest time to the arrival of the Portuguese in 1505*），錫蘭大學出版，一九六一年。

10 作者註：即鄭和。

中文碑文供奉的是釋加牟尼，「佛世尊」；泰米爾文裡供奉的則是特納瓦賴納耶納爾神（Tenavarainayanar）[11]，這是棟德勒（Dondra）[12]神明的泰米爾文名稱（這讓我們明白了伊本・巴圖塔為何執意稱德維努瓦拉〔Devi Nuwara〕為德納瓦〔Denawar〕）；而波斯文的碑文，受損最嚴重，碑刻漫漶，也僅剩片段，文中則獻給某位「伊斯蘭之光」，指的可能是先知穆罕默德，也可能是當時國內某位已入土為安的可敬聖者。波斯文碑文的片段摘錄如下：聖王…詔諭…大明……遣使謁拜…祈求庇佑…神蹟如所周知…以表敬意…織金、香爐、花瓶…燈燭…恩澤廣披…供奉…伊斯蘭之光…獻禮如下…。接著再次列出佈施禮品清單。[13]這石碑顯然是用當時最重要的三種語言書寫的。

11 譯註：印度教的神，毗濕奴的一個化身。

12 譯註：Dondra 這個名字是僧伽羅名稱 Devi-nuwara 或 Devundara 的英語化形式。

13 作者註：帕拉納維塔納，引自《錫蘭碑銘》（*the Epigraphia Zeylanica*），卷三，一九三三年。

8

紅寶石之地

我也看過阿利亞・查克拉瓦提有一只紅寶石碗，像一個人的手掌那樣大，用來裝沉香木油。我看到這碗忍不住露出驚訝的表情，這蘇丹見狀說：「我們還有比這個更大的紅寶石製品呢。」

伊本・巴圖塔（葛雷）

伊本・巴圖塔在阿利亞・查克拉瓦提的宮廷肯定很忙碌。他不只要逗統治者開心，還勤勞地觀察珍珠貿易。身為奢侈品行家，他看到了這位國王擁有的另一個寶物，令他眼睛發亮。那就是國王用來盛香精油的紅寶石缽。

蘭卡和貴寶石的淵源有數千年歷史。薩蘭迪布島與貴寶石息息相關，以致在十三世紀，普遍認定鑽石谷就在薩蘭迪布山區的月亮谷（Valley of the Moon）[1]（說不定是拉特納普勒〔Ratnapura〕），縱使這國家從未有人發現鑽石。此外，謠傳所羅門王贈與席巴皇后一顆蘭卡紅寶石，據說伊特拉斯坎人（Etruscan）和羅馬珠寶商掌控蘭卡紅寶石市場。

如果紅寶石像伊本・巴圖塔說得又大又漂亮，為何現今不常發現大型紅寶石？我回頭去拜訪我的珠寶商父執輩。他們的店鋪現今位於可倫坡古堡區（Fort）的漆咸道（Chatham Street），從原本正門面向港灣的舊址搬遷至此，他們在舊址經營了八十五個年頭。我從未見過曾祖父，他在我國獨立那年過世，但是法蘭西絲・帕金森・凱斯

1　作者註：卡茲維尼（Al Kazwini），摘錄自田內特所著之《錫蘭島概述》，一八六〇年。

（Frances Parkinson Keyes）[2]認識他，她在一九二六年來過可倫坡。[3]她描寫曾祖父的店鋪擺設著披戴銀飾的黑檀木雕大象，還有黃金和象牙雕刻的首飾盒。據她描述，曾祖父是個戴氈帽很虔誠的人，主麻日店鋪關門不營業。他在店裡招呼她的時候，把大量首飾珠寶攤在她面前，像天方夜譚的情節那樣誘惑她。如果她拿起月光石，或盯著紫晶、海水藍寶石（Aquamarine）、黃玉、碧璽、石榴石或令她著迷的其他半寶石看，他會手一揮不屑一顧。半晌後他端出壓箱寶：藍寶石、紅寶石和一堆綠火瀅瀅的祖母綠。她說他謙虛地輕聲說著過高的價格，一聽到她婉拒，他客氣地微微一笑，依然彬彬有禮，回頭專心去修復她的首飾，而她原本就為了這事進到他店鋪內。每當我想起這位未曾謀面的先人，腦海裡就會浮現這幕景象。

目前這間珠寶店的地點靜謐清幽，遠離古堡區的喧囂。身為家族一員，頭一回來到新址，他們帶我快速認識環境。店鋪的格局經過仔細規劃，側邊有個不起眼的入口，是珠寶商進行交易的專用通道；工匠們有個別的工作間，珠寶鑑定室位於靠近後院的裡間，一位伯父告訴我，這是因為用自然光來鑑定珠寶非常重要。我馬上想起，一回在大清早穿越拉特納普勒，街上擠滿了寶石商人，個個低頭端詳他們掌心上的各色寶石。我看見一旁有人拿起寶石對著太陽看，另一旁則有人熱烈討論著寶石品質，所有人渾然不察緩速繞身而過的汽車，人人忘我地沉浸在手掌中令人迷醉的寶石世界。

我的伯叔們告訴我，穆斯林對藍的不如對綠的和紅的那麼喜歡。他們講的是珠寶行話。藍的指藍寶石，綠的指祖母綠，紅的是紅寶石。這也是伊本・巴圖塔的用語。有些寶石是紅的，有些是黃的或藍的（吉柏）。穆斯林對紅寶石、珍珠和祖母綠極為推崇。有個古老阿拉伯故事對於宇宙的生成是這樣說的，最初上帝造了一本用乳白珍珠製成的書，由八位天使捧著。書頁則是用紅寶石製成，上面罩著祖母綠做成的一頂篷蓋，由四根紅寶石柱撐起。這一切底下則是七層天。[4]用這三種貴寶石召喚的神聖意象，《可蘭經》裡也有提及。我們短暫談到最近在拉特納普勒發現的一顆世上最大、重達一千四百零四點四九克拉的藍星藍寶石。從礦商購得這顆藍寶石的人將它取名「亞當之星」，呼應穆斯林相信亞當被逐出伊甸園之後，落腳在亞當峯。為什麼在伊斯蘭

2 譯註：一八八五－一九七〇年，美國作家，曾書寫並發表身為美國參議員之妻的生平故事。

3 作者註：古奈提列卡（H.A.I. Goodnetileke），〈美國眼中的斯里蘭卡印象：十九與二十世紀在錫蘭的旅人〉（Images of Siri Lanka through American Eyes: Travellers in Ceylon in the 19th and 20th centuries）。美國新聞署，美國大使館，一九九八年。

4 作者註：《伊斯蘭研究源文本》（*Textual Sources for the Study of Islam*），安德魯・里平（Andrew Rippin）編著，楊克納伯特出版（Jan knappert），第五九－六〇頁，一九八六年。

世界裡紅寶石比藍寶石更貴重？我想起我的博赫拉（Bohra）校友的母親告誡過我，藍寶石會招來厄運，還有個巴基斯坦朋友勸我，把藍寶石放到枕頭下睡三天之後再決定要不要買。如果你做惡夢，這寶石就跟你無緣。紅寶石就沒有這類禁忌，就穆斯林來說。

我提起伊本·巴圖塔那口大紅寶石缽的故事。伯叔們聽到都很困惑。他們從沒聽說斯里蘭卡出產大顆紅寶石。「是緬甸！」他們點頭道，然後歡天喜地說起緬甸的鴿血紅寶石。他們取出各種寶石的樣品給我看，接著岔出很長一段題外話。我走到陳列康提王朝古首飾一個大展示櫃前瀏覽一番，然後把話題拉回正軌。如果最好的紅寶石產自緬甸，那麼伊本·巴圖塔來到這個國家為什麼如此詳細地談論紅寶石？事實上他詳細描述了十四世紀蘭卡的整個紅寶石產業。在當時，整座島處處以出產貴寶石聞名。有名叫「巴哈拉曼」（bahraman，紅玉）的珍稀紅寶石只在這座城（庫納卡）出產。有些是從湖川找到的，這些寶石公認是最有價值的，有些則是從土地挖掘出來的。在薩蘭迪布島上，紅寶石遍布各地（吉柏）。寶石可以在山谷裡找到，也可以從土地開採，但前者，在季風雨季被洪流沖刷下來在河床找到的，比從土地開挖的更為珍貴。

和伊本·巴圖塔的說法一致，另一則敘述也提及亞當峯四面八方蘊含紅寶石、藍寶石和其他寶石礦脈。[5]在英國時期，人們認為山區的每一條河谷都蘊藏貴寶石，因為從山脈往南流的河川河床都找得到紅寶石、藍寶石和石榴石[6]碎粒。伊本．巴圖塔繼續描述，土地是私有的，因此人們會買一塊地來開採紅寶石：按當地的習俗，價值達一百法納姆幣（fanam）的紅寶石都要上繳給蘇丹，蘇丹會照價購買；價值不到一百法納姆幣的則歸開採者所有（吉柏）。我慢慢相信，這位虔誠的摩洛哥人的思維更像個生意人。在康提王朝的年代，寶石開採權是國王專屬的。在礦場幹活的人民都受雇於世襲監官（Mudianses）。然而英國政府廢除了這種壟斷，從此任誰都可以挖掘寶石，不需要開採執照。[7]

伊本．巴圖塔繼續說：他們挖掘紅寶石時，會找一種布滿裂隙的白石頭。紅寶石就是在這種石頭裡生成的。他們把這種白石頭挖出來，交給工匠切削拋光，直到紅寶石不帶礦石雜質（李氏）。[8]英文的紅寶石一字ruby，源自拉丁文的ruber，而不

5 作者註：蘇萊曼（Soleyman），〈穆罕默德追隨者之旅〉（Voyage of the Mahometans）摘錄自田內特著之《錫蘭島概述》。
6 作者註：田內特，《錫蘭島概述》。
7 作者註：同上。
8 作者註：同上。

是阿拉伯文意指紅玉的 albahraman，或意指紅寶石的 yakut。藍寶石在伊斯蘭裡不是聖潔的石頭，沒有阿拉伯名稱或波斯名稱，這大抵說明了伊本．巴圖塔為什麼把藍寶石叫做「尼蘭」（neelam），他是跟著說泰米爾話的嚮導說的。他也把寶石一概稱為 manikam，在泰米爾話裡就是寶石的意思。

伊本．巴圖塔除非絕對必要，否則不提女人，這回卻難得破例，他告訴我們，蘭卡的女人隨時配戴珠寶。薩蘭迪布島的婦女，人人戴著色彩繽紛的貴寶石項鍊；她們也戴各色寶石做的手鐲和腳環（葛雷）。第五世紀的獅子岩（Sigiriya）濕壁畫描繪著雲彩女穿戴項鍊和手鐲，假使看得到她們的腳踝的話，很可能也戴著寶飾。這個配戴首飾的傳統可是有數千年之久呢。

回到這讓人搞不明白的紅寶石。「說不定啊，」一個老伯父提出一個說法，「伊本．巴圖塔把大塊的石榴石誤認為紅寶石。」這聽起來頗有道理，伊本．巴圖塔很可能無法辨識自己看到的是什麼，然後把紅色的寶石一概說成是紅寶石。倘若如此，這樣做的也不只他一個。一直到一八零零年代，凡是紅色的寶石都被叫做紅寶石，事實上，在英國和法國君主王冠上很多出名的紅寶石，像是黑太子（Black Prince）的大英王權帝國皇冠（Imperial State Crown of the British regalia）上的那顆紅寶石，後來證實是別的東西。威爾斯親王愛德華在一三四六年克雷西會戰（The Battle of Crécy）戴的那顆裸石，最初被認為是紅寶石，後來被認為是石榴石，最後則被認定是一顆紅尖晶石。突厥—蒙古征服者帖木兒的紅寶石，結果也是尖晶石。由於最初鑑定寶石的唯一標準是從顏色辨識，這種武斷的方法必然會導致誤判。

談論到馳名的蘭卡紅寶石的旅人不只伊本・巴圖塔。面見過蘭卡統治者的馬可波羅也看過如胳膊般粗和手掌般大的紅寶石。他把這個資訊帶給了中國大汗，大汗出價跟桑丹緬國王（King Sendamain）購置紅寶石，後者以紅寶石是祖傳遺物婉拒。桑丹緬國王應是指馬來入侵者揮德拉巴奴（Chandrabanu），他曾企圖推翻波羅迦摩・巴忽三世（Parakrama Bahu III）。[9]

依舊令人不解的是，幾世紀以來旅人和商人記載的蘭卡大紅寶石，現今卻非常罕

9 作者註：同上。

見。伊本・巴圖塔又再度提起紅寶石，當他看到庫納卡蘇丹的大象佩戴寶飾。庫納卡蘇丹名為庫納爾（Kunar），擁有一頭白象，是我周遊世界見過的唯一一頭白象。他會在舉行慶典時騎白象巡行，並把大顆紅寶石佩戴在白象的前額（吉柏）。十四世紀《孔雀史詩》（*Mayura Sandesa*）談到大象和象身披掛著鑲嵌珠寶的飾衣閃閃生輝，紅寶石肯定也在其中。一八八九年拉特納普勒發現一顆二十六克拉血紅的紅寶石。[10]從前在這個島上大量發現的究竟是珍貴的紅寶石，還是價值沒那麼高的紅色寶石，這個疑問會一直存在，但對於阿拉伯人來說，薩蘭迪布島永遠是Jazirat al Yakut，紅寶石之島。

10 作者註：康斯坦斯・戈登—卡明（Constance Gordon-Cumming），《兩年錫蘭幸福歲月》（*Two Happy Years in Ceylon*），法希邁爾出版（Facsimile Publisher），二〇一三年。

9

別害臊，
想要什麼儘管開口

來到這座島上我只有一個心願，就是瞻仰萬福的亞當腳印。

伊本·巴圖塔（吉柏）

伊本．巴圖塔面對各國統治者時用來取得優勢的策略，和當今的人的巴結諂媚沒有不同。在那當時，旅人處在「有禮走天下」的社會。舉例來說，要晉見德里蘇丹，一位十足禮遇異國人又讓他們在宮廷裡擔任要職的統治者，每個訪客都要準備一份見面禮。事後蘇丹回贈訪客價值數倍以上的禮物。這形成了一種最怪異的常規。信德和德里的商人會貸給要拜見蘇丹的訪客上千迪納爾幣，外加提供馬匹、駱駝、奴隸等諸如此類，一旦晉見者收到蘇丹大手筆慷慨回贈的豐厚禮物，就要清償債務。等候蘇丹回贈禮物的時間可能漫長而令人疲乏。在德里，伊本．巴圖塔等了六個月才收到圖格烈蘇丹回贈的禮物，而且是在他寫了一篇長詩來讚美蘇丹，繼而又幾番懇求和呈遞請願書之後。在這期間，他的債主會去蘇丹宮殿門口堵他，出言羞辱，要他還債才肯罷休。收受禮物也是旅行的重頭戲。到了伊本．巴圖塔抵達德里之際，他已經有一千匹馬、好幾箱的華服、許多奴隸和與顯要的身分相當的一幫隨從。這些都是得寵於皇族的具體象徵，就像滾雪球一樣，可確保他在下一個目的地的皇家博得歡心，在每一個國家獲得更多賞賜。

伊本．巴圖塔在蘭卡也表現得不差。阿利亞．查克拉瓦提賞賜他珍珠、寶石和龍涎香。一天，坐在成堆的大量珍珠之中，阿利亞．查克拉瓦提問伊本．巴圖塔還想要些什麼。別害臊，他說，你想要什麼儘管開口（葛雷）。伊本・巴圖塔回答說，來到這座島上我只有一個心願，就是瞻仰萬福的亞當腳印（吉柏）。

亞當峯吸引世界各地的穆斯林前來瞻仰的特殊之處何在？亞當是伊斯蘭教的首位先知，與亞伯拉罕、摩西和耶穌同樣備受崇敬。在伊本・巴圖塔的旅行中，他養成了造訪各地伊斯蘭教勝地的習性。早期在伊拉克旅行時，伊本・巴圖塔說他拜訪過據稱分別是先知亞當、先知諾亞和先知穆罕默德的堂弟阿里的三座陵墓。他描寫那些墓塚擺放著許多金盤銀盤，盤內盛著玫瑰水、麝香和其他薰香。這每一座陵墓都是朝聖聖地。然而在所有聖陵當中，首位先知亞當的腳印名聲最響亮；而那出了名的腳印就位於蘭卡本地的一座山上。

當今很多人習慣看到絡繹不絕的佛教徒朝聖人潮在通往聖足峯（Sri Pada）的蜿蜒山路向上攀登，當他們得知數百年來亞當峯也是世界各地穆斯林的朝聖地可能會大吃一驚。二千兩百四十三公尺高的山峯始終予人一種久遠又神祕的聯想。它不是這國家最高的山，但在數千年裡從四面八方來的訪客心中肯定意義最重大，而且在這國家裡依舊存在的各種信仰裡，它都以某種形式保有神聖感。就如伊本・巴圖塔所證實，這座山對於船員來說是一個地標，當他們向陸地靠近時，可以從海上看到它，遂而取得傳奇地位。但是把亞當峯視為聖地的並非只有穆斯林。

聖山最初受到島上原住民的膜拜，他們認為山神是天神沙摩（god Saman），管它叫 Saman Kuta，也就是沙摩峯。印度教徒稱呼它為 Shivan Oli Padam，即濕婆神跳創世之舞留下的足印。佛教徒稱呼它為 Sri Pada，意指佛陀第三次也是最後一次來此弘法之際，站立為天神沙摩說法時留下的足印。穆斯林則認為，那是人類始祖也是先知的亞當的足印，他被逐出伊甸園後，為了贖罪用單足站立山巔一千年，之後才和被拋在阿拉伯的夏娃重聚。很多天主教徒認為那是聖多默（St Judas Thomas）的足印，聖多默是早期羅馬天主教使徒，公元五十二年在印度南部傳福音。然而在一五九零年的短暫一段時間，王獅子一世（Raja Singha I）改信印度教，把亞當峯聖堂交給印度教徒管理，古史記載，這位統治者向來把亞當峯交由佛教徒照管。

在古阿拉伯旅行紀錄裡，亞當峯被視為聖地，但是前往聖峰朝聖的證據，直到第九世紀才有記載。[1]它之所以變成朝聖地，很可能是經商的阿拉伯人從經商的科普特人（Copts）聽來的，而科普特人在第四和第五世紀最先記載了亞當在那山巔留下足印。對於中世紀來到這座島的穆斯林旅人，這座山成了必遊之地，不管真的爬了上去還是假的。阿拉伯作家稱它為魯胡納（Al-Rohoun），大概意指魯胡納區，並且描寫周圍的高山河谷富藏寶石。[2]阿拉伯旅人的傳說多不勝數，就連辛巴達的故事也提到一座聖山，山區裡遍地紅寶石和其他珍貴寶石。

因此，伊本・巴圖塔的心願可能在阿利亞・查克拉瓦提的意料之中，他馬上應允。作為備受禮遇的訪客，伊本・巴圖塔如同王公貴族般出遊。於是蘇丹給了我一頂轎子，由他的奴隸們擔在肩上，同時派了四名瑜伽行者（Yogis）隨行，他們每年都會去「足印」朝聖，此外還有三位印度教婆羅門、十名隨扈和十五名腳夫（吉柏）。在三十六人的隨從之外，我不太相信伊本・巴圖塔展開這一趟朝聖之行會不帶幾個跟他一起登陸的同伴上路。他很少說起人名和細節，僅提到兩名埃及人，但只說出其中一人的名字——圖扎里（Al-Tuzari）。他似乎帶了兩名女奴同行。一行四十人浩浩蕩蕩出遊，肯定在他們前往聖山途中經過的地區留下深刻印象。

在古蘭卡，最平凡的老百姓徒步旅行，通常不會遠距離旅行。王公貴族，儘管很多也是靠行走，但也會坐轎子。不難理解，轎子可不是都一個樣。國王坐的是有金頂的華轎。皇后嬪妃也各有專用的轎子，出行時插著幡旗，還有人敲鑼打鼓開路。伊本·巴圖塔受到賈夫納國王的禮遇，肯定是坐大臣或其他顯貴專用的轎子（dolawa）出遊。這種轎子雕鐫精美，漆了彩漆，裝有褥墊和簾幔供旅人躺臥。總之，他這一趟朝聖之旅可是相當舒適。荷蘭旅行家哈夫納在十八世紀末描寫自己坐轎子旅行；轎子是竹製的，非常穩固，方便旅行，他可以在竹轎裡睡覺、吃飯、閱讀甚至寫作。

我們的摩洛哥旅人第一站來到他稱為曼納曼達里（Manar Mandali，位於西北海岸的蒙達爾〔Mundal〕）的地方，他描寫那地方是標示北方王國邊界的一座城鎮。沿著那條路是汪洋一片。頭一天我們在一條河畔紮營，用竹竿製的木筏渡河。再從那裡去

1 作者註：田內特，《錫蘭島概述》，一八六〇年。

2 作者註：蘇萊曼（Soleyman），〈穆罕默德追隨者之旅〉（Voyage of the Mahometans）摘錄自田內特著之《錫蘭島概述》。

到曼納曼達里，那是在蘇丹疆土盡頭的一座漂亮城鎮（吉柏）。這顯示出蘭卡島的部分地區是由另一個王權所統治，因為離開蒙達爾後，伊本．巴圖塔及其同伴將穿越僧伽羅國王的疆域。他前往亞當峯的路線一開始就取決於阿利亞．查克拉瓦提轄下的疆域，如此他才能安全通行。後續的路線縱使繞了遠路，則是基於兩個王國之間有一種共識，願意提供特定道路，保障朝聖者和經商者平安旅行。

在蒙達爾，伊本．巴圖塔接受盛宴款待，這是他僅有的一次對這個國家的食物的描述。當地居民舉辦一場盛宴款待我們，主菜是水牛犢，他們從森林獵捕活捉的（吉柏）——還有鵪鶉、米飯、印度酥油、魚肉、禽肉和牛乳。在整本《遊記》裡，伊本．巴圖塔自始至終對食物非常熱衷。舉例來說，他描述了最可口的杏桃、最甘甜的杏仁、最棒的榲桲、最飽滿多汁的葡萄以及在伊斯法罕吃到最美妙的西瓜。我們的主人翁是個嘴刁的饕客，伊斯法罕的西瓜再怎麼甜美，伊本．巴圖塔認為只排名第三，比不上他在花剌子模（Khorezmain，現今烏茲別克阿姆河〔Amu Darya〕岸邊的烏爾根奇〔Urgench〕），那裡至今依舊存在西瓜熱）嚐過的西瓜。或者拿他在君士坦丁堡與伊斯蘭法官一同用餐的盛宴來說，他享用了烤禽肉、鶴肉、乳鴿、抹奶油的烤麵包、酥餅和蜜餞，隨後是水果、盛在金銀器皿裡附上金匙的石榴，還有盛在玻璃器皿附上木匙的美妙西瓜。在中國，伊本・巴圖塔發現甘蔗比埃及的好，葡萄和李子也比大馬士革的棒，西瓜比伊斯法罕的甜，但奇怪的是，中國的水果全都無法跟摩洛哥的媲美。他追隨穆罕默德先知的好客精神：最棒的食物是很多人共享的。食物要好吃，一定要眾人一同分享，而且份量要充足——因為在伊本・巴圖塔的餐桌上，總是有很多道菜，而且有很多張嘴巴。

我們不知道伊本・巴圖塔在蒙達爾停留多久，然而在那當時，那座城內似乎並沒有在地的穆斯林。我們在這城裡一個穆斯林也沒看到，除了一名原籍呼羅珊的人（Khorasan，也可寫為 Khurasan），他因病一直留在這裡，現在則與我們同行（葛雷）。這說法會讓人認為，在普塔勒姆，伊本・巴圖塔至少遇見了一些穆斯林，縱使數目很少。這位呼羅珊穆斯林（呼羅珊位於波斯帝國的東部）可能一直在等有穆斯林在內的一行人抵達這裡，以便安全地加入他們，跟志趣相投的人繼續完成他的朝聖之旅。因此我們得到一個線索，就是有些朝聖客可能要等上好幾個月，甚至長達一年，直到有正確組合的一組旅人出現，才能繼續往前走，不管他們原先困在這裡是因為生了病、花光了盤纏還是遇到其他倒楣事。

蒙達爾目前不再是巴圖塔看到的漂亮小鎮。在今天，它不過是一條大街，有個警察局、幾個官員、一間小醫院和幾家店鋪。一個會被遺忘的地方，唯一的著名地標是蒙達爾潟湖，連接至北邊大得多的普塔勒姆潟湖。伊本・巴圖塔說沿著那條路是汪洋一片，突顯出通往水域的路對於中世紀旅人來說非常重要。

離開蒙達爾後，伊本・巴圖塔抵達奇洛（Chilaw）。經過般達撒拉瓦（Bandar Salawat）小鎮後，我們的路穿越崎嶇起伏的鄉村地區，許多溪流貫穿其間（吉柏）。他用來稱呼奇洛的名稱是般達撒拉瓦。在波斯文裡意指港口的般達（Bandar）一字，顯然指的就是港灣，而撒拉瓦（Salawat）很可能是用阿拉伯語發音的 Halavata，奇洛的僧伽羅名稱，或者在泰米爾話是 Silabam。奇洛搆不上伊本・巴圖塔把它寫入書裡的標準，這座小鎮他看不上眼。到了哈夫納在四百年後漫步在奇洛街道上，它已經發展成一個大村落，在一片椰子林蔭下。到了一七九六年，這裡已是僧伽羅人、泰米爾人、摩爾人、葡萄牙人和荷蘭人混居的城鎮。[3]

今天的奇洛已經改頭換面。在我小時候，這個漁村最出名的景象，就是漁婦們蹲坐在裝滿大潟湖蟹和明蝦的簍子旁抽方頭雪茄菸。在今天，這些漁婦已經消失，但繁榮的捕魚業依舊。這裡大體上是天主教城鎮，地區上有很多著名教堂。市中心熙攘繁忙，有許多服飾店和大環形交叉路口，天主教聖像星羅棋布；市中心有一幢格外漂亮但傾頹荒棄的宅落名叫錫吉利耶（Sigiriya），曾經隸屬於柯里亞（Corea）家族，聖雄甘地造訪此地時曾下榻此處。奇洛也是這國家許多的堡壘城鎮之一，城內有一座小型葡萄牙堡壘遺址。

離開奇洛後，我們知道伊本·巴圖塔往東朝亞當峯前進。他可以從奇洛到瓦里耶波勒（Wariyapola）、庫魯內格勒然後前往康提，但是我們沒有中世紀地圖，無從確定這些路在十四世紀是否存在。再者，先前提過，伊本·巴圖塔肯定聽從賈夫納國王派的嚮導們的意見，他們揀選哪條路線，自有其理由。同盟、世仇和天災會影響他們決定哪條路可以平安旅行，哪條路應該避免。因此，伊本·巴圖塔前往亞當峯的確切的內陸路線並不清晰。根據開闢已久的古道或者他提過的中途地點，部分路線很容易辨認，其餘的路線已不可考，遺落在他自個兒取的阿拉伯名稱、在地傳說和民間奇譚中，很多學者和當今旅人依舊努力在破解。

現在人們普遍認為蘭卡的道路系統是英國人鋪設的，但若以為在英國人抵達之前這整座島是一大片叢林也很荒唐。事實上，蘭卡始終有個廣闊的道路網，不僅記載土

3 作者註：田內特，《錫蘭島概述》。

地發展的古史提到這一點，從現存的神話與傳說裡也可見一斑。第八到第十世紀之間的很多銘文記述了 mag mahavati，也就是監管道路工程的官員。也有第八世紀的證據顯示，當時有一項稅收針對載貨的二輪車、架橋的道路、每天通行的貨車道徵稅。普塔勒姆到康提的一條古道，記載於荷蘭文獻裡。[4]其路線採用今天的小路，通到瓦里耶波勒，接著再到庫魯內格勒，繞過加勒蓋德勒（Galagedera），穿越卡圖加斯托塔（Katugastota），最後去到康提。殖民強權常有的做法，是在古道上鋪設新路，縱使得不到古籍資料也無所謂，因此幾乎可以確定的是，荷蘭人和英國人是根據既有的路線來修築道路。

當伊本・巴圖塔離開奇洛往內陸走，他說他穿越大象的國度。他先前在書裡描述過一位伊朗設拉子上師幫助穆斯林朝聖者獲得蘭卡在地人敬重的故事。

> 有一天（伊瑪・阿布杜拉・伊本・哈費夫〔Imam Abdallah ibn Khafif〕）前往薩蘭迪布島的薩蘭迪布山，有大約三十位蘇菲行者同行。半路上，他們來到杳無人煙的荒野，飢餓難當，漸漸失去了耐性，於是請求這位上師允許他們抓一頭小象充飢。那一帶有大量的小象出沒，印度國王的大象就是從那裡運送過去的。上師拒絕他們請求，但他們餓得發慌，顧不得上師反對，捉了一頭小象，宰殺後分食，但上師拒絕食用。

當晚大伙入睡後，大象從四面八方聚集過來，衝向他們，每嗅到一個人便踩死一個，直到所有人死光了。象群也嗅到那位上師，但絲毫沒有傷害他；其中一頭大象還用長鼻子把他捲起放到背上，駝著他到有人煙的地方。當地人看到他騎在象背上前來，都驚訝不已，紛紛上前圍觀，想問個究竟。大象走近人群，又用象鼻把他捲起，放到地面上，讓所有人都看得到他（吉柏）。

從此以後，那地方的人熱情招待穆斯林朝聖客，提供他們食物與住所，伊本・巴圖塔也承認，僧伽羅人對他尊重有禮。我造訪這薩蘭迪布島，島上居民仍舊崇拜偶像，但他們尊重穆斯林蘇菲行者，邀請穆斯林到家裡來住，一起用餐，和他們的妻子兒女一起生活（吉柏）。

大象與人的故事在蘇菲派[5]寓言故事裡稀鬆平常。偉大的蘇菲派詩人魯米也說過跟大象有關的寓言故事。大象與人的故事可以這樣來闡述：報應勢必出現，天地的道德秩序才能繫於不墜。辛巴達和哈姆扎納瑪（Amir Hamza）歷險記也描述了復仇的大象，

4 作者註：雷文—哈特少校（R. Raven-Hart），《四條僧伽羅古路》（*Four Sinhalese Roads*），皇家亞洲學會，一九五九年。

5 作者註：蘇菲派屬於伊斯蘭的密契主義派別，強調以內省和精神上的修煉來抵禦俗世的誘惑。

伊本．巴圖塔權威作家提姆．麥金塔—史密斯敘述了十世紀巴格達另一個類似的大象故事。不管上師與大象的故事是真是假，伊本．巴圖塔都從在地人的殷勤好客受惠不少，也花時間觀察到僧伽羅人款待穆斯林朝聖者的方式和印度教婆羅門有差別。僧伽羅人會邀請他們一起用餐並生活在同一個屋簷下，印度的印度教徒並不會這麼做。在印度的村落裡，穆斯林朝聖者進食時必須與印度教徒隔開一段距離，他們吃用另外的鍋子煮的食物，喝用另外的器皿盛的水。他們的食物放在香蕉葉上，吃剩的飯菜留給鳥和狗吃。要是某個印度小孩不小心吃了穆斯林朝聖者吃過的食物，他會被痛打一頓，然後被硬逼著吃牛糞，洗滌罪孽。但伊本．巴圖塔特別提到，婆羅門在言行上對穆斯林朝聖者沒有任何冒犯之舉，甚至還曾經煮肉給他們吃，這肯定表示莫大的善意，因為婆羅門茹素，從來不吃肉也不煮肉。

10

原住民

……（在地人）邀請穆斯林到他們家裡，並且一起用餐，對於穆斯林跟他們的妻子兒女打交道也毫無疑慮。

伊本．巴圖塔（吉柏）

從奇洛往東不到五英里的地方，一道熟悉的紅白圍牆圈起了歷史古蹟蒙內斯瓦拉姆神廟（Munneswaram Kovil）。假使關於它的傳說屬實，這條道路或至少它的遺跡很可能有五千年歷史，可溯自拉伐那年代。既然伊本．巴圖塔的同行者包含瑜伽行者和婆羅門，這地方很可能是他們歇腳停留處。記載這座神廟的最早文獻，不過是伊本．巴圖塔走訪蘭卡之後的一百年，當時十五世紀國王波羅迦摩．巴忽六世（Parakrama Bahu VI）留下一則泰米爾銘文賞賜土地給這座廟。如果沒有五千年歷史，肯定起碼也有六百年歷史。

過去十六年來我多次造訪這座神廟，發現它的香火愈來愈鼎盛，尤其是泰米爾之虎（Tamil Tigers，泰米爾猛虎解放組織〔LTTE〕）和斯里蘭卡政府的內戰在二零零九年劃下句點之後。印度祭司（poorsaris）原本一派悠閒，而今忙得團團轉，要做法事（poojas），教誨信徒，籌備神像以供信眾禮敬。和這座寺廟有關的神話是這樣說的，羅摩王子殺了魔王羅波那之後，乘著羅波那從夜叉王俱毗羅（Lord Kubera）那裡偷來的飛天戰車返回印度。突然間，羅摩王子察覺到有一道符咒（Brahmahatti）緊跟著他，那是他殺死婆羅門羅波那之際被下了咒。令他吃驚的是，他注意到在飛越蒙內斯瓦拉姆一帶時，那符咒消失了。在驚愕之餘，羅摩王子將飛天戰車降落當地，並祈求濕婆神賜予消解符咒的法子。他的虔敬令濕婆神大悅，於是吩咐他把三具濕婆靈根（Shiva lingams）分別置放在蒙內斯瓦拉姆、契希斯瓦拉姆（Ketheeswaram）和科內斯瓦拉姆（Koneswaram），羅摩王子聽命照辦，之後才回到印度。我想羅摩王子把事情辦妥後，那道符咒馬上消失了。傳說羅摩王子在蒙內斯瓦拉姆擺放一具金製靈根（Swarnalingam）。然而在廳堂內的那雕像並非純金。據說原初的雕像是中型的石製靈根，披著白金色綿紗麗，垂掛著茉莉花圈，擺在石寺建物的後方。

來這神廟參拜的人，以前是泰米爾印度信眾居多，近來漸漸吸引僧伽羅佛教朝聖者前來，周圍環境愈來愈像在南方的卡特勒伽瑪寺廟（Kataragama），供奉蘭卡戰神塞犍陀（Skanda）很出名的印度寺廟。那裡的俗嗆攤販一大堆，販賣敬神供品之外，還有琳瑯滿目的塑膠製品和花俏貨品。我抵達時，蒙內斯瓦拉姆神廟漸漸湧入很多僧伽羅信眾，有一家子忙著進行漫長又繁複的奉神法事，包括生火、供奉水果和大量牛奶。以這神廟為中心，周圍有三座寺廟形成一個宗教三角地帶：蛇佛寺（得名於一尊大佛就坐在盤曲的巨蛇上）；迦梨女神廟（Kali Ammam temple），其一年一度的殺生獻祭激怒整座島的佛教徒；受荷蘭建築影響的阿耶納神廟（Ayenar kovil），三者在擴音廣播互不干擾之下和諧共處。

通往瓦里耶波勒的路上還有其他古蹟，伊本・巴圖塔可能走訪或歇腳，也可能沒有。也許位於賓吉里耶（Bingiriya）公元三世紀的泥巴牆狄瓦吉里摩訶寺（Deva Giri Maha Tampita Vihara）就是其一。伊本・巴圖塔遊記的一大特色，就是他用大量細節來描述與伊斯蘭相關的所有事物，對其他一切則興趣缺缺。同樣的，在我搜尋伊本・巴圖塔行蹤的過程，每當我經過清真寺或穆斯林聖祠，也會提高警覺。

赫蒂波拉（Hettipola）清真寺是一棟中型建築，狀況有待改善，彷彿刻意要顯得盡量普通又不起眼的樣子。走近清真寺，我們看到一位上了年紀的和善男子衣衫襤褸，坐在臺階底端縫補麻袋。他看起來如此無害，我寧可去問站在清真寺旁的村童，上哪裡去找伊瑪目，不料他們手指向這位老人。結果這位名叫沙林姆的男子不是伊瑪目，而是定時呼拜的阿訇，提醒伊斯蘭信眾每天五次的禮拜。根據沙林姆的說法，蘇萊曼塔吉爾清真寺（Sulaiman Thajjir）建造於十七世紀。坦白說，那建築看起來不超過五十年，然而就像蘭卡的很多宗教場所一樣，它所矗立的場址歷史更久遠。

沙林姆其實是個令人愉快又健談的人，說話夾雜英語、僧伽羅語和泰米爾語，他絲毫不訝異我們循著伊本·巴圖塔的行蹤來到這裡，而且他對這位中世紀旅行家走訪這國家的了解令我們驚艷。沙林姆相信，伊本·巴圖塔走的就是這條路線。近年來僧伽羅和穆斯林之間多數族裔與少數族裔的衝突，顯然占據這位老人的心思，他談起他對這島上原住民的看法。沙林姆認為他屬於蘭卡的原住民。見我們一臉吃驚，他繼續解釋。一般相信僧伽羅人是隨著叛逃的印度王子毗闍耶來到這裡，在西海岸登陸。毗闍耶與雅卡部落（Yaka）公主庫維妮（Kuveni）成婚，後來拋妻棄子（庫維妮的後代子孫據稱就是蘭卡的先住民——維達族〔the Veddahs〕），另娶印度的一位般杜（Pandu）公主為合法妻子。沙林姆的說法的核心是，他不是毗闍耶帶來的移民的後代，因為他的先祖們始終在這裡。他們不是從其他地方來的。他們不見得是穆斯林，這當然，他急著補充，但是他們始終住在這裡。表明他的論點後，沙林姆準備要上到宣禮塔呼拜。他禮貌地陪我們走到出口。

然後沙林姆顏面盡失。我隨口問起聖祠和聖人，竟引來他粗暴的回應。沙林姆口出惡言，怪罪這世界出了很多亂子，在他眼裡，這些包括他所謂的偶像崇拜在內，都是親吻黑石的什葉派[1]惹的，是叛教的異端！沙林姆的粗言責難和伊本·巴圖塔在七百年前對什葉派的看法是有差別的。這位摩洛哥旅人在《遊記》裡表明他的偏見，火力全開。他描述了什葉派的某些他眼中的怪癖。譬如，他說敘利亞馬拉（Ma'arra）的居民很惡劣，不僅討厭先知穆聖的十大門徒，也討厭每一個名叫奧瑪（Omar）的人。他又說，在敘利亞西北部的薩爾敏（Sarmin）居民裡有許多謾罵者，他們憎恨先知穆聖的十大門徒的程度，大到把「十」這個字變成忌諱，遇到需要說「十」的情況，就用「九加一」來代替。當伊本．巴圖塔聽說什葉派進到哈倫．拉希德哈里發（Caliph Harun ar Rashid）的陵墓會先用腳往那墓塚踢一下，然後才為那城鎮祈福，他討厭什葉派討厭到無以復加的地步。除此之外，他沒再對什葉派多說什麼。

反諷的是，很多蘭卡的遜尼派摩爾人並不知道，在可倫坡發現的一座公元八四八年的墓碑，銘刻著庫法體（Kufic）古文字，記錄一位阿拉伯宗教導師哈利德．伊本．阿布．巴卡亞（Khalid Ibn Abou Bakaya），咸信是一名什葉派。[2]這進一步獲得了證實，因為大約在十二世紀，木爾坦（Multan）的一名什葉派流亡領導人逃到蘭卡避難，這

1 譯註：瓦哈比派經常質疑穆斯林親吻黑石的舉動是偶像崇拜。

2 作者註：田內特，《錫蘭島概述》，一八六〇年。

座島常常為流亡者提供安全庇護[3]。赫蒂波拉的沙林姆倘若了解到，什葉派和遜尼派穆斯林在這個國家裡有過一段共興共榮的漫長歷史，而不見得老是仇恨敵對，他可能會很苦惱。

許多證據顯示，阿拉伯人（不只當今的阿拉伯半島，還包括西亞所有國家）早在先知穆罕默德出生之前已經來到蘭卡。早至第四和第五世紀，阿拉伯人已逐漸在印度南部建立貿易殖民地，從那裡遷移到蘭卡，當時的蘭卡有個兼容並蓄的友善政體。[4]

既然阿拉伯人有一段時期稱霸世界貿易，而蘭卡又是個資產豐沛而價值不菲國家，阿拉伯人和其他經商者會造訪這座島也是很自然的事。於是一種互惠的關係形成了——在地人樂於和阿拉伯人，被形容為勤勞積極[5]，一起做生意，買賣寶石、珍珠、肉桂、香料、象牙和珍貴木材。從伊本．巴圖塔的經歷看來，顯然很多經商者——阿拉伯和其他人——和有貿易往來的所有國家的沿海居民通婚。遷移到蘭卡的人當中有很多一開始是在康貝（Cambay）和蘇拉特（Surat），在芒格洛爾（Mangalore）、卡利庫特、古蘭姆（Coulam）和其他馬拉巴爾海岸港口經營貿易，後來才遷移到蘭卡、馬爾地夫群島和更遠的東方。[6]就這些經商者而言，他們的後代子孫接下父親的衣缽，無論如何都不是純正的阿拉伯人或波斯人或非洲人或馬來人。他們繼而與外族成婚，很可能是從異地來的外族，繁衍出有伊斯蘭信仰的龐大人口，但他們血緣和基因摻混了他們打過交道的每一個族裔。蘭卡人當中那些自稱是信仰伊斯蘭的摩爾人，都屬於以上的情況。

蘭卡的幾個王國對於所有宗教派別都非常有包容力。《大史》記載，在伊斯蘭出現之前，國王槃陀迦阿巴耶（Pandukabhaya）在阿努拉德普勒（Anuradhapura）撥出一塊特別地區給與那人（Yonas）——被鑑定出是阿拉伯人，從而衍生出泰米爾文的 Sonahar 一字和僧伽羅文的 Yonaka 一字，現今的穆斯林社群甚至依舊使用這些字。這個社群出現在威尼斯人、馬可波羅、鄂多立克（Friar Odoric）和尼可羅・康提（Niccolo de Conti）、波隆那人魯多維柯・迪・瓦爾德瑪（Ludovico Varthema）和葡萄牙人奧多亞爾多・巴波沙（Odoardo Barbosa）的記述裡，他們都遇見了蘭卡的摩爾人。他們似乎和當地人水乳交融。他們的語言一度甚至影響到這個島的名稱——最原初是

3 作者註：同上。
4 作者註：同上。
5 作者註：同上。
6 作者註：埃德里奇（Edrisi）引自田內特所著的《錫蘭島概述》。

Sinhadvip，然後 Singhaldib 變為 Sarandib、Sarandevi，繼而 Saheelan。

雖然這些混血的阿拉伯人絕大多數是經商者，他們並非不插手政治。根據《王統譜》，毗舍耶．巴忽六世（Vijaya Bahu VI）在一五三一年遭一名狂暴的摩爾領袖刺殺，這位摩爾領袖名叫索萊曼（Soleyman），乃聽命毗舍耶．巴忽的長子兼王儲行事。我們從伊本．巴圖塔本身的描述可看到，他也愛多管閒事。事實上，他在印度和馬爾地夫群島待了很長的時間，並捲入政治風暴中，前一種情況使得他在短暫的一段時間裡苦行禁慾表示抗議，後一種情況則逼得他不得不逃離。

11

大象岩的神明

之後我們來到庫納卡爾（Kunakar），那是該地區的蘇丹的首都。

伊本・巴圖塔（吉柏）

伊本·巴圖塔用庫納卡爾來稱呼那個僧伽羅首都。這肯定是這位摩洛哥人努力要說出庫魯內格勒（Kurunegala）卻咬字不清的結果。他進一步的描述，庫納卡爾位於兩座山之間的峽谷，靠近一座名為「紅寶石」的大湖，因為在這湖底可發現紅寶石（吉柏），讓學者們更有理由相信庫納卡爾就是庫魯內格勒，那裡有一座湖而且位於山谷中。

對我來說，庫魯內格勒是你要到風光更旖旎的其他地方——亭可馬里、丹布勒（Dambulla）、賈夫納——會路過的一個地點。當今，庫魯內格勒以兩件事聞名——二手車經銷商，以及長相好看的補習名師。露出迷人笑容的年輕人，化名為賈蓋斯先生（Jagath Sir）或達旭大師（Dushy Master），在城裡到處張貼比真人還大的招牌海報，提供會計學或物理學補習課程，跟學生打包票幫助他們擠進一流學府的窄門。除此之外，庫魯內格勒已經從一個大而不當的鎮逐漸發展成一個大而不當的城。

在我追尋伊本·巴圖塔足跡的旅程當中一直有一個關卡。在伊本·巴圖塔來到這座島的那一年，首都從庫魯內格勒遷至甘波羅（Gampola）。為了證實伊本·巴圖塔前往的地方確實是庫魯內格勒，這個國家的歷史就變得重要無比。而今，即便對學術界而言，拆解開來的歷史仍舊是一團亂麻。歷史書裡記載，在一三四四年，普伐內迦·

巴忽四世（Bhuvanekha Bahu IV）是庫魯內格勒的統治者，但伊本·巴圖塔卻說這個僧伽羅首都的國王名叫庫納爾（Kunar）。這兩音節的簡單字眼，結果引發了各類作者從各種角度出發的大量詮釋。從伊本·巴圖塔走訪蘭卡的文本來解讀的分析家和學者們，看法分歧。柯德林頓（Codrington）認為庫納爾是亞烈苦奈兒（Alagakkonara）的簡稱；葛雷把它譯為「國王」，認為它指的是毗闍耶·巴忽五世（Vijava Bahu V）；尤爾上校（Colonel Yule）[1]認為，那是把梵語裡意指王子的 Kunwar 一字說得帶有阿拉伯腔，指的是在迦雷般達拉（Galay Bandara）負有盛名的瓦希米王子（Prince Vathimi），後面會再提到他。

伊本·巴圖塔對這位統治者進一步描述道，後來王公貴族叛變，將他推翻並擁立他的兒子為王。朝臣們密謀叛變，陷害這位國王失明，讓他的兒子登基。雖然變成盲人，他仍然住在這城裡（葛雷）。這段文字似乎暗示著，伊本·巴圖塔抵達首都時，盲眼國王依然活著。我們不考慮瓦希米王子是當時的君王，因為他生在十三世紀，不是伊本·巴圖塔的十四世紀。那地區有一個國王，波羅迦摩·巴忽三世（Parakrama Bahu III），憚於王權受威脅，確實施計讓他的堂親普伐內迦·巴忽（Bhuvanekha Bahu）失明，[2]不過他也活在十三世紀。很可能是伊本·巴圖塔把他在這裡聽到的兩個故事合在一起。但當時在位的都不是這些君王。

庫納爾這個角色的其他可能性當中，除了普伐內迦·巴忽四世（Bhuvanekha Bahu IV）之外，亞烈苦奈兒是最有意思的一個。由權臣和軍頭組成的封建家族造就了亞烈苦奈兒或者說亞烈苦奈兒家族。這家族的起源不明——很可能是個經商家庭，不是馬拉亞利人（Malayali）[3]，就是來自泰米爾納德邦（Tamil Nadu）[4]，因穆斯林入侵印度南部而避走他鄉。這家族的成員建立了科提王國，後來發動戰爭攻打北方的賈夫納王國。而淪為明朝鄭和的手下敗將受到凌辱的，也是這家族的一員。鄭和於一四一一年生擒亞烈苦奈兒並擄往中國，之後這家族便失勢了。但這些細節當中無一能夠確切透露，伊本·巴圖塔口中的「庫納爾」指的是誰。

局勢混亂的原因，與當時其他很多國家所面臨的情勢很類似，政治動盪始終是錫蘭內部固有的狀態。在中世紀早期十分強盛的錫蘭國，到了十四世紀急遽衰落。倘

1 譯註：Colonel Henry Yule，一八二〇—一八八九年，英國人，蘇格蘭東方主義者和地理學家。
2 作者註：柯德林頓（H.W.Codrington），《錫蘭簡史》（*A Short History of Ceylon*），一九二九年初版，亞洲教育協會（Asia Educational Service），一九九四年再版。
3 譯註：印度南部喀拉拉邦及中央直轄區拉克沙群島的達羅毗荼人族群原生居民。
4 譯註：印度南部的一個邦，南臨印度洋，東隔孟加拉灣與斯里蘭卡相望。

若這王國從庫魯內格勒遷都到甘波羅發生在其他年代，混亂的局勢很可能不會出現。古代史料對於遷都的確切日期交代不清。有些歷史學家推定是在一三四一年遷都，也就是伊本·巴圖塔到訪的三年前，另有一些歷史學家認為甚至是在一三四七年遷都，伊本·巴圖塔來到這島上的三年後。我們能夠確定的是，在短暫的一段期間之內，該王國的首都從雅帕胡瓦（Yapahuwa）遷到庫魯內格勒，繼而又遷到甘波羅，最後遷往康提山區。[5]可以想見研究伊本·巴圖塔的學者們分成兩派，各自認定當時首都在庫魯內格勒或甘波羅。回到書寫這本書的初衷，我同意庫魯內格勒是伊本·巴圖塔在一三四四年來到這裡當時的王國首都。

庫魯內格勒的統治者有四位：普伐內迦·巴忽二世（Bhuvanekha Bahu II）、法尼·普伐內迦·巴忽三世（Vanni Bhuvanekha Bahu III）、毗闍耶·巴忽六世（Vijaya Bahu VI），以及最後是普伐內迦·巴忽四世（Bhuvanekha Bahu IV），也就是把首都遷往甘波羅的國王。在《遊記》裡，相較於晉見了泰米爾國王，伊本·巴圖塔並未表明自己確實面見了僧伽羅統治者，這也就是為什麼他對於僧伽羅國王的描述缺乏細節的緣故。不難想像，既然他受到敵對統治者阿利亞·查克拉瓦提的庇護，他要圓滑地處理這種處境並不容易。

依照伊本・巴圖塔的說法，城裡住著一位智者名叫歐斯曼（Othman），他是前往亞當峯朝聖的穆斯林的嚮導。城外有一座清真寺紀念來自設拉子智者歐斯曼，又被稱為沙烏須（Shawush）；蘇丹和當地居民會到他的墓園參訪，非常尊敬他。他曾經是前往「亞當足印」的嚮導……（吉柏）。他深受人們的尊敬與愛戴，只是有一天，他犯下了一樁在地人眼中的滔天大罪：他殺死一頭牛。印度教徒有一條法律規定，凡是屠殺牛隻的人，都要依照他屠殺牛的方式受死，或是被裹在牛皮裡燒死（吉柏）。這種懲罰在當時並非不常見——有位羅馬帝國使節通報某部落該帝國將減少貨物交易量，結果受到同樣的懲處，只因為他帶來壞消息。[6]所幸智者歐斯曼逃過一死，事情總可以破例。由於大家都非常尊敬他，姑且相信他是無辜的。也許他犯了無心之過，但

5 作者註：田內特，《錫蘭島概述》，一八六〇年。

6 作者註：彼德・梵科潘（Peter Frankopan），《絲綢之路》，二〇一五年。

縱為峻法，峻法亦法（Dura lex sed lex），懲處還是必須執行。因為他們非常敬重智者歐斯曼，所以只砍斷他的手腳，還把某一處市集的歲收分配給他（吉柏）。智者歐斯曼逃過死劫，但失去了肢體。因為他只剩一手一腳，無法再爬上聖峯，國王顧慮到他失去謀生之道，賜給他一處市集的歲收，讓他不需擔憂生計。好個慘痛的教訓，不過這也許不失為如何在中世紀社會裡錯綜複雜的多元文化之間折衝以取得平衡的一個例子。智者歐斯曼被砍斷手腳無法擔任嚮導後，他的兒子們和奴隸們接替了他的工作（吉柏），因此確保了智者的家族依舊掌管朝聖之路的行進。

在庫魯內格勒似乎不見智者歐斯曼的清真寺，但有另一座聖祠聲望遠播。令人驚奇的是，它雖是穆斯林聖祠，卻吸引了所有信仰的信眾前來。這座漆成青綠色的聖祠矗立在靠近大馬路的小丘上，馬路兩側坐落著儉樸的民房。入口有個招牌告示三件事：埋骨於此的聖者名為庫雷擅．撒伊德．伊斯梅爾．迦雷．般達拉．歐里育拉（Kuraishan Sayid Ismail Galay Bandara Oliyullah）；禁止訪客點燃樟腦；也禁止訪客拍照。板著臉的一位表情嚴峻的矮胖男子身穿紗籠，頭上硬套著一頂偏小的頭蓋帽，看似看管這聖祠，但顯然不想開口說話。也許是我的便籤本、許多疑問和潦草的筆記嚇到他，而我鼓舞他隨口聊一聊並對他再三保證，只讓他更加封閉和不友善。再無計可施，我只好自個兒在這小園區裡走走看看。祠堂內砌著綠瓦磚，中央有個用玻璃牆圍起的罕見隔間，正是墓地所在。聖祠的前端有一棵枯木，粗大樹幹朝天花板延伸。這島上所有穆斯林聖祠內必定會有的綠色緞布罩，在明亮的日光燈下閃閃發亮，玻璃隔間的前端點了一盞小燈。這地方一點也不吸引人、不漂亮，甚至毫無靈氣。

雖然大門上的告示寫著禁燃樟腦，有兩位婦人還是滿不在乎地點燃放在兩顆椰子頂端的樟腦。她們繞行聖祠一圈，隨而站在祠堂前端，與此同時看守人吟誦著穆斯林禱詞，他顯然也無視禁令。這兩位僧伽羅婦人恭敬俯首，隨後馬上把椰子拿到祠堂外砸碎，仔細地收拾椰殼碎片。她們把那些碎片交給看守人，他草率地把碎片往某個房間內一丟。山姆試著偷偷拍照，我用一些問題把看守人引開。原來椰殼碎片可提煉椰子油，用來點燈。整個南亞地區都使用椰子油點燈。伊本．巴圖塔在馬爾地夫群島時，看見當地人用椰子油點燈、烹煮和抹在女人的頭髮上。他甚至想起馬爾地夫婦女會剝下椰仁的皮，曬乾，然後丟進大鍋裡煮來煉油。

站在聖祠外的一名男子表示，他認為那看守人對這座聖祠一無所知。看守人不過是在這裡維護秩序，阻止年輕人進到這裡來胡鬧惹事。然後他告訴我他所認為的關乎迦雷般達拉的實情。事後我在沒什麼威信也缺乏理據的古籍《庫魯內格勒地誌》（*Kurunegala Vistharaya*）看到相同的說法。普伐內迦・巴忽一世或二世有個穆斯林妻子（妾／後宮一員／女奴），生了個兒子名叫瓦希米。[7]普伐內迦・巴忽駕崩後，瓦希米王子繼位，因為他是由母親在穆斯林信仰底下撫養長大，所以偏袒穆斯林族裔。不過整體而言，他是受人民愛戴的國王，有些人形容他是仁慈的統治者，雖然是穆斯林，他經常救濟佛教貧僧。然而，在庫魯內格勒宮廷內的佛僧，對於統治者不是佛教徒深感不安，於是密謀要剷除異教君主，另立佛教徒國王。他們邀請瓦希米前往象岩（Atha Gala，又名Tusker Rock）參加佛教儀式。在誦經聲中，他們把他推落山谷，當場死亡。這位短命的國王埋骨於山谷中，死後化為穆斯林聖人和僧伽羅小神。我在《大史》找不到這些內容；事實上，說也奇怪，這部古籍並未記述這位國王，不過我在《往世書》（*Purana*）找到相似的故事。[8]

一條平坦馬路通往象岩。這條路是在一九八零年代初鋪設的，繞過了鑿在岩層上看起來有幾百年歷史的淺平石階。站在岩層上望去，庫魯內格勒谷地遠山綿延，湖光瀲灩，在城裡看不到這樣的視野。從市街上看去塵土黃沙漫揚的庫魯內格勒，此處的風光竟是出奇青翠。一尊純白大佛像採三摩地入定坐姿，無動於衷地注視下方的整片山谷。靠香客捐獻集資達兩千萬盧比打造，於二零零三年落成的這尊佛像並沒有特別好看，跟國內各地其他的白灰泥佛像沒有兩樣。波隆納魯沃或奧卡納（Aukana）的佛像也不比它出色，但它無疑十分龐大。其特殊之處在於它坐落在一個巨大的平台上，平台上有一座寺廟，底下還有其他幾間房間。

負責管理此處的少僧是從在岩層更上方的小廟派來的。他是目前的住持，表示在近距離範圍內缺乏水源和便利設施，要維持寺廟的運作很辛苦。這位僧侶看起來年少青澀，似乎不知道這岩層的歷史。他注視著佛像，告訴我目前常聽到的禁制。之所以建造這尊佛像，是為了阻擋年輕戀人爬到岩層頂端。他繼續壓低聲量說話，暗示他對於建造佛像來阻隔穆斯林並不以為然，但隨後他溫和地微微一笑，說現在都沒事了。

---

7 作者註：柯德林頓（H.W.Codrington），《錫蘭簡史》，以及席爾瓦（kalinga Tudor Silva）收錄於《亞洲的宗教多元性》（*Religious Diversity in Asia*）的文章，Jem Borup、Marianne Qvortrup和Lene Kuhle編著，二〇一九年。

8 作者註：約翰·霍爾特（John Holt），《佛教極端主義者與穆斯林少數族群：當代斯里蘭卡的宗教衝突》（*Buddhist Extremists and Muslin Minorities: Religious Conflict in Contemporary Sri Lanka*），二〇一六年。

只不過是在更久之後我才知道，佛像坐落的地點，據說就是瓦希米王子被推落山谷的地方。

在岩層下方可找到迦雷般達拉故事的終章。一條環形道路通往下方的小寺，理應是瓦希米王子墜落之處。一尊金色的小人像標示著底部岩層罹難處。那是一座刷白的迷人小寺。鑿切整齊的台階通往一座泥巴牆建物。有位年輕的祭司（kapurala）主持這座小寺，其專業的別稱可譯為中人，這字眼適用許多行業——媒人、房地產仲介，甚至法師（shaman），就像這裡的情況。一身素白，抹油的頭髮整齊服貼，他說起另一個版本的瓦希米王子傳奇。這個版本充滿了詭計、貪婪、不公不義和應有的懲處，很像希臘神話人物忒修斯（Theseus）的翻版。

話說國王普伐內迦．巴忽打贏一場戰役，在返鄉途中先派遣一名傳令員帶著一面白旗傳捷報。不知怎地，這位傳令員竟揮舉黑旗。普伐內迦．巴忽的妻妾和兒子們得知國王戰死沙場後傷心欲絕，全都跳崖自盡——但有兩個人除外。就這樣，瓦希米的母親趁機讓兒子登上王位。根據祭司的說法，瓦希米是個貪婪的暴君，搜刮財富無所不用其極。他的名字本身，在穆斯林的版本拼寫成Fathimi（很可能是他母親的名字），在僧伽羅文的拼寫裡則沒有F，居然變形為Vath Himi，或意指貪求財富的人。這樣的君王非推翻不可，於是憂心忡忡的愛國佛僧密謀弒主，把他推下岩崖。儘管沒有明顯理由解釋這位死去的邪惡王子為何被奉若神明，他現在已化為當地神祇，被冠上 Galay Bandara Deviyo 這名字，意思是聖岩主（Divine Rock Chief）。

這座小寺也一樣，有各種信仰的信眾前來參拜，和穆斯林墓祠相比，這座小寺整潔古雅，靜謐中帶有迷人韻致。小寺的一端放置聖岩主的肖像。點燃的油燈在幽暗的房間裡搖曳不定，前方擺著一束檳榔作為供品。檳榔葉象徵一種古老習俗。

進獻和嚼食檳榔葉及檳榔子的習俗，伊本・巴圖塔在很多國家的宮廷裡見識過。在十四世紀，檳榔葉非常珍貴，假使是國王親手賜予的檳榔葉，更是比什麼都珍稀。伊本・巴圖塔所到之處——中東、非洲、南亞，甚至遠至中國——幾乎都有進獻和嚼食檳榔葉的風俗。這是有數百歷史的習俗。在第八和第九世紀，阿拉伯人和波斯人在斯里蘭卡和印度見識嚼檳榔的風俗，後來把這習俗帶回家鄉。[9]到了第十世紀，在阿拉伯半島南部海岸、葉門以及甚至麥加，嚼檳榔蔚為風潮。[10]眼見這般景象，十世紀的地理學家兼旅行家布祖格・伊本・沙赫里亞爾（Buzurg ibn Shahriyar）不禁想起，他曾

9 作者註：田內特，《錫蘭島概述》。

10 作者註：馬索迪（Massoudi）引述自田內特所著的《錫蘭島概述》。

目睹薩蘭迪布國王坐在御轎上一面巡行一面嚼檳榔。[11]

如今，在牆面、人行道和馬路上不言而喻的鮮紅汙漬，清楚表明某個嚼檳榔的人路過此處。我的姑婆穆敏（Moomin）就是喜歡嚼檳榔出了名的，擁有很多漂亮的相關用具，像是純銀的檳榔葉托盤、精巧的檳榔剖刀和黃銅唾盂。清楚記得她的一些人告訴我，她的嘴唇始終染著時髦的香奈兒橘紅色，嫵媚動人，只是她一露出像吸血鬼的血漬牙齒，可就另當別論。在今天，嚼檳榔導致口腔癌患者人數上升，這是因為連同熟石灰一起嚼食的緣故。這個習俗正在消失，而相關用具也流落到博物館和展示櫃裡。

雖然庫魯內格勒是以特定的岩石取名，直譯的意思是大象沐浴的那塊岩石，在當今就是聞名的象岩，但這座城可不缺岩石。其他岩石大部分也都以動物命名：烏龜岩、金龜岩、鱷魚岩、山羊岩、鰻岩，還有鹽岩和麻袋岩！這些岩石顯然得名於一次旱災，話說當時沒有湖神的允許，所有動物都不能飲用湖水。有一晚，烏龜、金龜子、鱷魚、山羊和鰻魚一個接一個偷偷溜到湖邊，喝水喝個夠。但他們很倒楣，被發火的湖神逮個正著，把牠們一個個變成石頭。牠們一直站在原地，直到今天。

在烏龜岩（Ibba Gala），一個樹木繁茂的幽靜地區，有座漂亮的寺廟和岩畫室，裡面有記載佛陀一生故事的古老壁畫。一篇刻文說起一個兒子孝敬母親的辛酸故事：普伐內迦·巴忽二世年老體衰的母親想登上亞當峯朝聖，她的皇子知道母親熬不過這趟行程，於是吩咐工匠大師們走訪聖峯。匠師們仔細地把聖峯的周圍和細節記錄下來後，在烏龜岩複製了跟聖峯及足印一模一樣的翻版。在一個沒有月光的夜晚，普伐內迦·巴忽帶著母親走上穿越象岩和烏龜岩的一條蜿蜒曲折的路，讓母親相信自己爬上了亞當峯。對複製的足印頂禮膜拜後，她回到家不久便安詳辭世。

在烏龜岩的岩石足印很長而且是人工雕鑿的。岩石足印已用柵欄隔開來，從前的訪客會往足印丟銅板祈福。若想看看在聖峯上的正宗足印是什麼模樣，烏龜岩會是最佳地點。在閱讀伊本·巴圖塔關於亞當峯山頂上的足印的描述時，我們發現它跟烏龜岩的足印有相似處。聖足印，人類父親亞當的腳印，就落在一片廣闊高原上的一塊高

11 作者註：提姆·麥金塔－史密斯（Tim Mackintosh-Smith），《和伊本巴圖塔一同登陸伊斯蘭邊陲》（*Landfalls: On the edge of Islam with Ibn Battuta*），約翰·墨瑞（John Murray），二〇一〇年。

聳的黑色岩石上。聖足深深沉進那岩石中，留下一處被掏空的印記，有十一個指距長⋯⋯那塊岩石上被鑿出九個洞，來這裡朝聖的異教徒會把黃金、寶石和珠寶等獻禮放在那些洞裡（吉柏）。

12

鐵道轉彎處

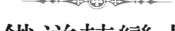

然後我們離開庫納卡爾，停留在以烏斯塔・馬穆德・盧里（Usta Mahmud Luri）命名的洞穴歇歇腳，烏斯塔・馬穆德・盧里是個虔誠信徒，他在山腳下鄰近一個小海灣的地方挖了這個洞穴。接著我們從那一處啟程，停留在猴子灣附近。

伊本・巴圖塔（胡賽因）

儘管我確信伊本・巴圖塔造訪的是庫魯內格勒，為了涵蓋所有可能性，我決定到甘波羅走一趟。波迦哈威拉（Polgahawela）鎮中心，矗立著尚武的僧伽羅國王杜圖珈摩奴（Dutugemunu）正要拔劍的一尊真人大小的雕像，歡迎旅客。這尊雕像後方，有座俯首展翅的美國禿鷹雕像，彷彿對這位傳奇武王鞠躬致敬。近來杜圖珈摩奴已經成了僧伽羅精神的象徵，經常以僧伽羅大英雄的形象出現在小說、戲劇和電影裡。這位叛逆的皇子送給父皇一件女人首飾，嘲笑愛好和平的父親懦弱無能，因此得到「叛逆的珈米尼」（Dushta Gamini）綽號。他跟母親埋怨自己有志難伸，除了東面和西面有好戰的父執輩虎視眈眈，北面還有泰米爾人的威脅。解決辦法只有一個。避開父執輩，向泰米爾人宣戰。年輕叛逆的珈米尼單挑北方年逾七旬的泰米爾王伊拉羅（Ellara）並打敗了他。獲勝後，這位當代的僧伽羅沙文主義象徵表現出騎士風範，他下令所有人民不分信仰和族裔，經過伊拉羅的墳墓時必須下馬或下車表示敬意。

從波迦哈威拉到甘波羅的路上，每隔一段距離就會看到古代旅人落腳歇息的地方，又叫做安巴拉馬（ambalamas）。這些歇息處意味著，這是一條在朝聖者和其他旅人之間流傳已久的路。有些安巴拉馬保存得很完善，也修復得很漂亮，有些則徒留空殼——被粗陋地改成社區中心，毫無美感。這類所在陰暗濕冷，彷彿窩藏著很多馬哈須那（Maha Sona），斯里蘭卡的三大惡靈之一中排名第二，據說常在墓地和旅人的歇息處出沒。安巴拉馬象徵一種正在流逝的生活方式，由於形勢所逼，當局不得不做出艱難的決定——開闢道路、興建學校和村鎮會堂——，基於這些理由，他們深信把這國家搖搖欲墜的歷史遺址拆除是值得的。

伊本．巴圖塔待過這類處所嗎？他略而不提。除了談到他曾經待在阿利亞．查克拉瓦提的宮廷之外，他沒再詳細描述自己停留的地方或宮廷。我們知道伊本．巴圖塔必須在河邊紮營過夜，說不定有好幾次，因為在旅行過程中水源不可或缺。他停留過的洞穴，很可能是專為穆斯林朝聖者挖鑿的住所，因為他認得其他穆斯林旅人的姓名——在庫魯內格勒（庫納卡爾）城外的盧里的烏斯塔．馬穆德（Usta Mahmud the Luri）洞穴，以及距聖峯兩英里外的希達爾（Khidr）洞穴。他在登山之前也在亞當峯山腳下的幾處洞室過夜。前往這島嶼南部的旅途中，朝聖的這一行人曾在幾個村莊停留過，最後在易卜拉辛船長位於迦勒的住家落腳。然後在可倫坡一處不知名的地方待了三天，才返回普塔勒姆宮廷向阿利亞・查克拉瓦提告辭，繼而登船離開。伊本・巴圖塔一路上很可能必須住在安巴拉馬或驛站以及好客的僧伽羅或穆斯林人家。

古時候，徒步旅行很平常，於是驛站格外重要，這裡不僅是交換消息的地方，在經商或朝聖途中從世界各地匯聚於此的異鄉人也會把異國的政體、服裝、飲食和文化社會等其他風俗帶給在地人。[1]這些驛站往往是皇家、村莊或急著為來世積功德的個人建造的。就地方上來說，安巴拉馬也兼負村莊法庭的功能，在這裡審理案件，做出裁決或者轉交高等法院審理。斯里蘭卡安巴拉馬的結構很簡單，通常從地面架高，有一個基座，四個角各有一根柱子，撐起四根橫樑，屋頂則鋪瓦或茅草。比較大型的安巴拉馬，在高處架了更多的橫樑，假如旅人要過夜的話，可以拉繩掛布簾隔間，為自己和家人保有一些隱私。[2]跟世上其他地方的華美驛站比起來，斯里蘭卡的安巴拉馬顯得

1 作者註：阿南達・庫馬拉斯瓦米（Ananda Coomaraswamy），《中世紀僧伽羅藝術：中世紀僧伽羅美術與工藝專題論文集，以現存的十八世紀文物為主，闡述社會的結構與藝匠的地位》（*Mediaeval Sinhalese Art: Being a Monograph on Mediaeval Sinhalese Arts and Crafts, Mainly as Surviving in the Eighteen Century, with an Account of the structure of Society and the Status of the Craftsmen*），萬神殿圖書（Pantheon Books）出版，一九五六年。

2 作者註：同上。

寒酸，但它是免費的，而且非常適合本地氣候。

伊本・巴圖塔應該很熟悉驛站，事實上他一路上不時都會看到驛站，儘管驛站的形體、規模和建築變化多端。這概念起源於公元前五百年，當時的古文獻記載了在美索不達米亞的波斯阿契美尼德御道（Achaeminid Royal Road）上沿路有一百一十一間驛站。如同世上其他地區一樣，往返於御道上的，不外乎徒步的、騎在馬背上的旅人，以及駱駝商隊。這些人從羅馬士兵、美索不達米亞商人，到數不清的絲路商人都有，沿路尋找可以遮風擋雨、提供食物、水、庇護和各種消息的地方。如同絲路上的綠洲發展成繁榮的大都市，安巴拉馬也因為各種觀念、神學、智識和儀式、服裝、食物甚至神話與傳說以各種形式在此交流激盪，從而促進了村莊的發展並注入生機。

「通往神的道路很多」，這句諺語說得很對，確實有很多道路通往亞當峯。隨著新鋪的柏油路長距離貫穿全國每個地區，要找到伊本・巴圖塔最可能走過的那條通往亞當峯的古路愈來愈困難。在某個卡車休息站，一群男子湧入一旁有卡車群集的碎石停車場。當我們驅車靠近，他們漸漸停止交談，納悶我們為了什麼找上他們。這些人一一走向我們的車，我們很快被人海包圍，陷入漫長的討論。當代人總覺得時間寶貴，沒有一位卡車司機勸我們走小路，反而推薦可以盡快達到目的地的途徑。可想而知，他們都沒聽過伊本·巴圖塔。不過他們知道亞當峯、瓦希米王子和迦雷般達爾寺（Galay Bandar Devale）。聽到我們參拜過在地的聖祠後，他們的態度更和善了。我們強調要找的是古代的朝聖路線後，一名上了年紀的卡車司機一面把一粒檳榔塞進一邊臉頰，一面描述貫穿希瑪塔迦瑪（Hemmathagama）通向亞當峯的朝聖之路，從地圖上看來直通甘波羅。滿心感謝地跟這群卡車司機揮別後，我們朝東南方出發。

前往甘波羅的沿途可見水稻梯田和路邊供奉象頭神甘納帕提（Ganapathi）的樹廟。神明前面恭敬地擺放著小供品。爬坡路反映著氣溫明顯變化。婦女們頭上鬆鬆地包著頭巾，意味著我們正經過穆斯林小村落。我停下來拍照時，有個製作方頭雪茄的人送我兩根方頭雪茄。我想像著伊本．巴圖塔穿越這些地區。也許他看到了播種水稻的景象，或者他要求隨行的一群人停下腳步，好好欣賞這壯美的景致。一位巴圖塔風格的矮壯婦人跟小兒子站在門口，兒子吸吮著她鬆披的深紫色頭巾。她露出明亮笑容，伸手往兒子的頭打了一下，把頭巾從他嘴裡猛地抽出來。伊本．巴圖塔如果待在這些人家裡會住得很舒適。在這些穆斯林住家，他可以自在地吃喝、禱告和就寢，知曉自己有同樣信仰的人陪伴。

在陡坡頂端，一座佛骨塔的尖頂雕飾華美，從幾英里外的山腳下看來很像歐洲的夢幻城堡。說也奇怪，伊本．巴圖塔從未談論他肯定會路過的很多廟宇和僧院；他也始終沒提起這個島上的建築。然而，早期的其他旅人並非如此。公元四世紀法顯（Fa Hsien）[3]來到這裡時，記述了在阿努拉德普勒地區的達官顯要和異國商人的豪宅。他描寫了一個富裕城市，許多公共建物錯落其中，而且鋪設了筆直平坦的街道和公路。在六世紀，中國一份文獻描述了這裡有砌磚牆的樓房，而且以雙扇門防衛[4]。另一位旅行家則寫道，寺廟非常富有，供奉巨大神像[5]。到了康提王國年代，唯有廟宇和僧院獲准使用石頭來砌造建物，平民百姓只能用曬乾的泥土造屋。這就是為何，英軍於一八一五年進入康提時，發現宮殿和廟宇是石砌建築，而民房都是泥造茅草屋的緣故[6]。在其間的千餘年，這島上的社會結構肯定起了變化。

在繼續尋找智者歐斯曼清真寺和聖祠的過程裡，我來到十四世紀另一個首都，有聖人埋骨於此的聞名聖祠，在甘波羅郊區的卡哈塔匹提耶（kahatapitiya）清真寺。

這座清真寺是一座嶄新卻沒什麼特色的龐大建物，俯瞰整條街。一入內我便看到一群小孩子在寬敞的大廳裡學習禱告。個個盤腿坐在亮紅色地毯上，男生坐一邊，女生坐另一邊，大聲吟誦禱詞，雖然五音不全，卻散發著小孩子獨有的魅力。園區內有座小祠堂（ziyaram），和大清真寺是分開的。祠堂的門上刻著一三四四年字樣。這祠

3 譯註：三三七－四二二年，東晉、劉宋的高僧、旅行家，於四一零年到達斯里蘭卡，在古都阿努拉德普勒到處參學，著有《法顯傳》。

4 作者註：蘇練（Leang-shu）引述《中葡早期通商史》（*Sino-Portuguese Trade from 1514-1644*），張天澤（Tien-Tse Chang）著，博睿學術出版社（E.J. Brill），一九六九年。

5 作者註：阿布－扎伊德（Abou-Zeyd）引述田內特的《錫蘭島概述》。

6 作者註：田內特，《錫蘭島概述》。

堂悼祭的是巴瓦・庫菲（Bawa Kufi）或者巴瓦・考夫（Bawa Kauf）。一三四四年正是伊本・巴圖塔來到斯里蘭卡那一年，但清真寺習慣用伊斯蘭曆來刻寫年月，而不用公曆，一三四四年對應的是一九二五年。這座建物很可能是從十八或十九世紀的聖祠翻新重建的。所幸它跟我去過的其他聖祠都不一樣，既不限制女性入園，也不禁止拍照。不出所料，每座聖祠都伴隨著一段故事。

巴瓦・庫菲（從他的姓名看來，很可能來自伊拉克）來到亞當峯完成朝聖之旅（年月不詳）後，決定要留下來。他在一棵董棕（kitul）樹下坐定，從那裡可以一覽無遺地看到整座亞當峯。這棵董棕屬於皇家財產，採收季一開始，皇家「椰汁採集人」（Toddy tapper）要求打坐的巴瓦・庫菲挪動一下位置，好讓他爬到樹上採集椰汁。但巴瓦・庫菲已經入定，動也不動。這皇家椰汁採集人以為巴瓦・庫菲是個遊民或乞丐，盛怒之下削掉這位苦修者的鼻子和雙耳便離開。翌日，他看見巴瓦・庫菲照舊在同一棵樹下打坐，容貌完全沒有毀損。驚愕的採集工倉皇逃回宮裡，向國王稟報這樁奇事。國王親赴現場，想見識一下是何方神聖。與巴瓦・庫菲談過之後，國王要賞賜他任何東西。這位穆斯林苦行者請求國王給他夠用的一塊地，可以清靜地打坐修行即可。國王深深被他的簡樸感動，默許之後又勸他多拿一些土地。這位聖人於是告訴國王，只取他的念珠能夠覆蓋的一片土地就滿足了。國王對這區區的一點要求備感開心，一口答應。得到國王的應允，這位聖人把他的念珠往空中一拋，珠串斷了線，散落的珠子圈出了一片比原先預期的更寬廣的土地。國王頓時明白，眼前這位可不是凡夫俗子，於是允諾這位聖人平靜地住在他剛得到的土地上。

聖人歸天後，按習俗埋骨於他打坐的所在。於是他安詳地長眠於那片土地之下，直到英國殖民政府決定要修建鐵路。勘測過路線後，英國工程師決定要把聖祠拆移，因為它位於筆直鐵道經過的直線上。在拆移的前一晚，工程師做了一個夢。巴瓦·庫菲在他夢裡現身，要求不要更動祠堂。工程師被夜裡的訪客嚇得失魂，於是更改鐵道路線，最後鐵道繞過這座祠堂，原本應該筆直的軌道形成了一道彎曲的弧線。在祠堂的窗戶外面，可以清楚看到鐵道在這裡轉彎。

縱使甘波羅作為皇都的期間涵蓋了斯里蘭卡歷史的重大時期，這個現代城市似乎微不足道。這裡沒有華美的建築物，沒有聞名的古蹟，沒有有待挖掘的隱密遺址。但是，在它鄰近的地區，確實留存著十四世紀的遺痕。埃姆別卡寺（Embekke）、加達拉德尼亞寺（Gadaladeniya）和蘭卡提拉卡寺（Lankatilaka）三座寺廟就明確地屬於那個世紀。

斯里蘭卡內陸的馬路鐵定沒有路標。旅行者不得不經常停下來問路。伊本．巴圖塔有嚮導、腳夫和四十多位隨行旅伴。當今的旅人可以靠谷歌地圖幫忙，但谷歌地圖只會把你帶到你想去的地方，不會告訴你沿途的故事，也不會建議你額外來趟小旅行，到瀑布旁野餐或尋幽訪勝。

撇開谷歌，我們來到埃姆別卡寺，因為附近的一所清真寺響起呼拜聲，召喚穆斯林進行午後的禮拜。在我的旅途中屢見不鮮的文化多元性，在那一刻又再次凸顯出來。我們是唯一的訪客，得以靜靜地仔細端詳在柱子、屋頂和石地板上的精美雕刻。若不是還要趕著參拜另外兩間十四世紀的廟宇，我們很想一整個下午逗留在埃姆別卡寺。加達拉德尼亞寺和蘭卡提拉卡寺錯不了地受到印度南部風格的影響。加達拉德尼亞寺陰暗而令人生畏，蘭卡提拉卡寺則是王冠上璀璨的寶石。那巍峨的宏偉建築，俯瞰山岩下水稻田綿延的景致，其純白的主體有如山岩上的一顆鑽石。那裡有位年輕佛僧，認為這廟宇帶有印度風格是因為當時的國王娶了一位印度妻子。這很有可能，因為印度蒙兀兒王朝的宮廷裡，來自世界各地的藝匠歷經了數世紀的相互切磋、琢磨、發想和共事。我時時刻刻意識到，我的每一步都踩踏在有數百年歷史的古道上。寺裡有一對母女在頂禮膜拜，我看著她們，深知這同一套儀式很可能在數百年前已經存在。

13

尋找沙摩

山上有兩條路通往（亞當的）聖足印；一條叫做「父親之路」，另一條叫做「母親之路」，指的是亞當與夏娃。「母親之路」輕鬆不費力，首度來到這地方的旅人會走這條路，但是只走這條路上山的人，不算真正完成朝聖之旅。

伊本・巴圖塔（李氏）

當今從兩條主要路線可以登上聖峯：拉特納普勒路線和哈坦（Hatton）路線。在有文字記載的聖峯歷史裡，記錄了很多條朝聖路線。有些路線依舊存在，但也有很多路線隨著時間消逝了。其中一條朝聖古道，儘管在當代已經杳無人跡，卻是歷史悠久的一條路，從檀巴德尼耶（Dambadeniya）到康提，繼而通往聖峯，途經吉壇比（Getambe）、甘波羅、烏勒珀內（Ulapane）、威利馬魯瓦（Welimaluwa）、阿盧歐耶（Alu Oya），然後穿越峯林到印狄卡圖帕哈那（Indikatupahana）。[1]在十一世紀，毗闍耶・巴忽一世（Vijayabahu I）國王統治時期，有三條主要路線，其中拉賈拉塔路（Rajarata Road）經過凱希迦穆瓦（Kehelgamuwa）到提尼耶迦拉（Tiniyagala）、霍拉卡達（Horakada）等再往前。[2]在十三世紀，波羅迦羅摩巴忽二世（Parakramabahu II）統治時期（一二三六—一二七一），國王之路（Raja Mawatha）經過甘波羅、烏

1 作者註：馬蘭貝（A.J.W. Marambe），瑪哈塔亞（R.M.〔Rate Mahatteya〕），「亞當峯古道」（The Old Route to Adam's Peak），《錫蘭文物學和文學紀實》（*The Ceylon Antiquary and Literary Register*），一九二〇年四月。

2 作者註：尼可拉斯（C.W. Nicholas），〈古代與中世紀錫蘭的歷史地誌〉（Historical Topography of ancient and medieval Ceylon），《皇家亞洲協會錫蘭分部期刊》第四號，（The Journal of the Ceylon Branch of the Royal Asiatic Society，VI），一九六三年。

勒珀內和安比迦穆瓦（Ambegamuwa）。這條道路可追溯至一二七零年，而伊本·巴圖塔在一三四四年攀登聖峯，對他來說很可能是當時最新的一條路。在今天，被稱為國王之路的是拉特納普勒路線，以十二世紀的統治者尼散迦摩羅王（King Nissanka Malla）來命名，這條很可能就是伊本·巴圖塔稱為「父親之路」（亞當之路）的那條路，因為這是一條艱苦難行的路。母親之路（夏娃之路）很可能是伊拉斯那路線（Erathna route），可以從庫魯威塔（Kuruwita）接上這條路，在離峰頂兩公里之處接上拉特納普勒路線。在今天，人們通常把哈坦路線指為「母親之路」。

我們驅車南下朝基尼迦希那（Ginigathhena）方向，行駛在蜿蜒環繞綿延山坡，可眺望茶園風光、蔚藍天空和崎嶇天際線，格外優美的一條道路上。美的不是修剪整齊的丘陵地，不是微光閃爍的沿海風情，而是山丘谷地、河川溪澗的寧靜沉穩。

城鎮是另一回事。那瓦拉皮提亞（Nawalapitiya）不過就是個不起眼的匯聚點，建築物雜亂錯落，成排的貨車在街上等著載貨，鎮民忙著做生意。頭頂上的天空陰沉沉，似乎快要下雨。主街道狹仄，一座小路障把卡車、三輪腳踏車、巴士和廂型車堵成一團，我們使勁在車陣裡殺出一條路來。一名男子頭上整潔綁著一塊布，獨自坐在人行道邊緣看著人來人往。城市景象快速掠過眼前，道路兩側的植被變深變暗。路繼續沿著河流延伸，美麗風光再度開展。河畔有成排的竹子和蒼翠大樹，襯著澄澈如洗的碧空，一路上風景如畫。

來到基尼迦希那，我們轉了個彎，很驚訝地看到一頭大象，象夫坐在象背上，象鼻捲起一大捆樹葉。象夫是個年輕小子，咧著嘴笑，手拿一根有尖銳金屬邊緣的粗棍子，隨著大象緩步前進來回搖晃。那是國內用來搬運原木和其他沉重物料的許多馱象之一。不管勞動或載客，馱象都具有爭議。當今的世界不太需要用到大象來幹活，同樣的，觀光業使用大象當坐騎或表演雜耍，或在佛牙節用大象來進行宗教儀式，都是對瀕臨絕種的威武動物的一種殘忍虐待。除了大象的神奇故事和朝聖之旅，伊本．巴圖塔還提到庫魯內格勒國王擁有一頭白象，是我在世界各地旅行看過的唯一一頭白象（吉柏）。二零零四年，在我國南方的野生動物保護區裡人們看到了一頭白象，這是近年來島內頭一次出現白象的紀錄。

道路和河流的路徑相似，在好幾處交叉。古代道路會順著河流走向鋪設，這是再平常不過的一項特色。伊本．巴圖塔觀察到，旅行沿途有豐沛的水源，這代表他們要不是沿著河流行進，就是經過很多湖泊和水域。在灰沉沉的天空下，墨綠的丘陵連綿起伏，遠方的山峯忽隱忽現，四周的景致不時在變化。凱拉尼（Kelani）河的水位很低，但河面寬闊氣勢磅礴。這條路線以前有幾座老舊鐵橋，現在已經汰換成寬廣的現代水泥橋。在基圖迦拉（Kitulgala），大衛．連執導的電影《桂河大橋》就在這裡拍攝，讓這地區一時聲名大噪，現在則是出了名的激流泛舟冒險活動搶走了鋒頭。一路上可看見許多迷人老屋坐落山頂上，蒼翠茂林環繞，俯瞰著道路與河流。沿途是濃密的董棕樹叢，路邊不時冒出販賣棕櫚糖漿的棚屋。下坡路仍舊依循河流走向，植被變得更茂盛，巨獸般蕨類的蔓鬚和參天大樹有時茂密成蔭，彷彿為天空穿上略帶藍色的綠衣裳。在亞提延索塔（Yatiyanthota），供奉沙摩（Saman）的一間大廟首先暗示我們進入了沙摩神明的國度。

早在佛陀的哲理來到這個島嶼之前，其他宗教信仰已經盛行。印度教應該是多數人的宗教，此外還有各種在地信仰與習俗。有一個神祇既不屬於佛教也不屬於印度教，卻跟亞當峯關係密切，那就是天神沙摩（Saman Deva）。雖然是很多人知道或膜拜的高人氣神祇，沙摩的起源蒙上一層神祕色彩。縱使是在拉特納普勒供俸沙摩主廟頂禮膜拜的人，對於祂如何來到斯里蘭卡，如何成為神祇也所知不多。把零碎資料拼湊起來看，沙摩的來歷可能是以下三種之一：他很可能是薩巴拉加穆瓦（Sabaragamuwa）地區提婆（Deva）氏族的地區首領；他可能跟大乘佛教普賢菩薩（Mahayana Bodhisattva Samantabadra）有淵源；或者他可能是史前國王羅摩（Rama）的弟弟拉克什曼（Lakshman）。後者的說法讓我想起，馬來語裡的laksamana一字意思是海軍元帥，源自羅摩的海軍元帥（Lakshman of the Ramayana）。中國偉大探險家鄭和，在馬來西亞和印尼普遍被叫做鄭和海軍元帥（Laksamana）。無論天神沙摩的祖先是誰，祂現在是庇護這個國家的四大神祇之一，也是佛教的護法神。佛教傳說指出，佛陀應古天神沙摩之邀前來宣講佛法，佛陀站立於山峯說法留下了足印，而當時沙摩統治的沙摩峯（Saman Kuta 或 Samanala kanda），就是這山峯最初為人所知的名稱。

這條路線上存在夠古老的沙摩寺，顯然是個強有力的跡象，透露出朝聖者很可能就是走這條路前往聖峯，因為依照傳統習俗，佛教徒朝聖者在攀登山峯之前，必須先到沙摩寺禮拜，祈求一路平安。雖然最著名的沙摩寺位於距離拉特納普勒幾公里外，在現今前往聖峯最悠久的路上，國內還有其他三座沙摩古寺：布松比寺（Bulthombe）、馬希仰迦拉寺（Mahiyangala）和德拉尼亞加拉寺（Deraniyagala）。在這一段旅途裡，德拉尼亞加拉寺在我預定的路線中，但我的直覺是，伊本·巴圖塔的嚮導挑選的路線會經過重要的沙摩寺。

從德拉尼亞加拉到伊拉斯那途中，指向蘇馬那沙摩寺（Sri Sumana Saman Devale）的小路標導向了一段陡峭台階。國王羅闍辛伽一世（Rajasinghe I）在一五八六年建造，這所沙摩寺位於相連的兩座山峰的一個峰頂，鄰近悉多伐伽（Sitawaka）河，四百年來每年舉辦佛牙節慶典。一群建築物圍成一圈，主要的沙摩寺位居中央，彷彿為山峰加冠冕。大型玻璃櫃擺放一側，裡面有一尊坐佛。除了沙摩寺之外，整個區域似乎還有供奉各種神明——毗濕奴（Vishnu）、帕蒂尼女神（Pattini）和卡塔拉加瑪神明（Kataragama）——的小廟。我們抵達時，裡面傳來旋律優美的吟誦聲，接著第二座廟和另一間廟也相繼響起吟誦。好一個令人歡心的迎賓方式。藍得令人悚然的廟供奉的是毗濕奴，描繪眾神的塑膠海報為這廟添上了寶萊塢電影效果。毗濕奴廟的祭司（kapurala）做完法事（pooja）走向我們，出於好奇。剛被賜福的信眾拿著水果籃紛紛離開，我手指沙摩寺建物四個角落的花崗岩短柱，問他這些短柱有什麼意涵。他滿不在乎地斜靠在一根柱子，下巴朝那些短柱抬了抬，回答說那是原始建物的基座，廟原本是泥巴牆和竹子屋頂。

我拿沙摩的身分問題來考他。他咬了咬嘴唇，思索了一會兒。他認為沙摩是斯里蘭卡唯一的本土神靈。又多咬幾下嘴唇之後他透露，在拉伐那和羅摩交戰的危急關頭，沙摩來到斯里蘭卡助拉伐那一臂之力。我聽了很訝異。一般相信，沙摩是羅摩的弟弟拉克什曼，這代表沙摩絕不會對拉伐那伸出援手。這祭司岔開有關沙摩的話題，指出此處有幾條廢棄的步道可以通往亞當峯，但他警告說，走這些步道要小心，可能會遇到象群襲擊，還會有一窩風的水蛭跳到人身上吸血。他興味濃厚給出最後一點資訊，好似預料會有一窩風的水蛭突然跳到我們身上來。伊本．巴圖塔病態地對水蛭感興趣，他也說到前往聖峯的途中會遇到很多水蛭。

一把神轎懸吊在沙摩寺的天花板，是舉辦慶典時載著神明出巡用的。帕蒂尼女神廟的祭司既聾又啞，但他最終會繼承他衣缽的九歲大兒子，則是我的消息來源。這小男孩建議我們造訪對面的雙墩。在那裡，我們會發現瓦希米王子的另一個化身——神明卡塔拉加瑪。據他說，洪水氾濫時瓦希米王子駕著皮筏順著河水而下。但河水洶湧，把皮筏打翻了，瓦希米王子就是在雙墩的地方上岸。小男孩不清楚瓦希米王子為什麼會變成神明卡塔拉加瑪，只知道祂是神通廣大的神明，聖名是達狄蒙達（Dadimunda）。我看到另一座土墩在正對面。置於斜坡上形狀不規則的石板搖搖晃晃，經過人們多年來的踩踏已經被磨得光滑無稜。左邊是維毗沙那（Vibhishana）廟。維毗沙那是拉伐那的兄弟，但協助羅摩擊敗拉伐那，這位神靈在現今的斯里蘭卡並不常見。一位打赤膊穿白紗籠的祭司（kapu mahattaya）在外面遊蕩。我們跟彼得・辛禾（Peter Singho）說明來意，他熱切地打開話匣子。他順了順一頭茂密的白髮，準備接受我們連珠炮提問。我拿瓦希米王子的問題試探他。我很想知道，這位穆斯林王子怎麼會在往南幾公里外現身。祂是財神，彼得・辛禾說得鏗鏘有力。很靈驗的神，很多人到這裡來祈求財運。這些就是彼得・辛禾對於瓦希米王子的認識。我慢慢看出一位神明如何橫越一大片土地，轉化形貌來迎合信眾的端倪。我也明白這傳說連結了庫魯內格勒故事中貪圖財富的瓦希米王子，把他變成了財神。

瓦希米王子或他的化身達狄蒙達和相對來說陰柔的沙摩天神天差地別。達狄蒙達被描繪成體格健壯的神，一身康提王朝的皇家裝束，穿紅外罩戴三角帽，一手握著相當優雅的手杖，還配戴珠寶項鍊和手環。一隻金孔雀佇立在他身後。我仔細端詳這尊神明肖像時，有一家四口前來祈神賜福。祭司雖然對我們倆更感興趣，也只能勉強走開，不情願地進到寺裡開始吟誦。敬拜幾分鐘後，我們開始下山。太陽高掛天空，下坡的台階很熱。台階底部有棵菩提樹，樹枝上飄動著很多大紙條。紙條上寫著訴願人姓名及其願望。我盯著樹看時，有個少女和母親煞費苦心寫下少女姓名以及期末考試順利的心願，然後把紙條綁在低懸的樹枝上。

我們往下坡走，來到河邊，取出脆餅和起司在野地午餐，一群飢餓的螞蟻瞬間圍了過來。河流低而寬廣，迤邐蜿蜒穿越山谷。一輛紅色小巴士在遠處走上一座沒有欄杆的橋過河，形成一幅別致的畫面。螞蟻多到我們應付不了，只好匆匆離開，累垮垮地爬回馬路上，溽熱讓我們沒了氣力。一群人拜拜完畢剛從山丘下來，慷慨地分送我們西瓜、香蕉和鳳梨等供品。烈日當空，疲憊又飢腸轆轆，我們感激地收下水果，大口吃著。

回程時，我跟一位朋友隨口提到在此碰見達狄蒙達神一事，他對如此費解的發現很感興趣。顯然，這位神明的名字實際上是 Dardi Mundo，Mundo 在泰米爾語的意思是頂髻。他也認為，金製雕像表示這神像可能是在阿盧斯努沃勒（Aluth Nuwara）廟找到的，那裡的神像的裝束打扮同樣是康提王朝的風格。除此之外，關於這謎樣的神祇，他和我都沒再有更多發現。

一過迪尤威塔（Dehiowita）鎮，放眼可見一座較小的沙摩寺位在山崗頂上，下方有座佛教廟宇。寺前有一座小鐘樓和兩尊大佛像。這地方看起來杳無人跡。廟宇的內牆覆蓋著華美的壁畫，描繪佛陀的一生。其中一幅很像《最後的晚餐》，佛陀坐在餐桌首位，弟子們和信眾圍繞在旁邊。另一幅壁畫裝飾著許多色彩柔和的仙人立體雕像，崇敬地注視著打坐入定的世尊。殿堂外有一尊沙摩雕像，穿紗麗的仙女們打著一頂華蓋漂浮在他頭頂上。神明本身穿著乳白色紗麗和紅外罩。事實上，這是唯一可用來推論這尊雕像是沙摩神的線索。殿堂本身是純粹的佛教風格。室內四周雕刻彩繪著立體的花架，描繪佛陀生平的一些場景。我特別喜歡的一幅是佛陀母親身穿著白金色紗麗，拎著精巧的花籃，她的肌膚有如白人婦女那般白皙，纖細的頸項和手腕戴著雅致的金飾。

掌管下方寺廟的住持，慢悠悠現身一臉睏倦。這位佛僧蓄著搶眼的灰白鬍渣和銀白短髮，一面走進來一面打了個大哈欠。在我們短暫的交談中，他哈欠連連，自稱初來乍到，很慚愧地對這裡的主神或寺廟本身所知甚少。總之，他對這座廟的歷史不感興趣。這稱不上是沙摩廟，我這樣下結論，當初捐錢蓋廟的人也許是沙摩信眾，不過這住持並不關心。這住持又咕噥幾句，打了幾個哈欠，睜著空茫雙眼之後，我們快速離開也就沒什麼好奇怪的了。

阿維薩韋勒（Avissawella）是一五二一年立國、一五九三年覆亡的悉多伐伽王國（Sitawaka）的王都。聽聞古皇宮的遺址就在附近，我迫不及待前去造訪。那地點與政府建物毗連，草木叢生。遍地蔓生的大灌木、藤蔓和林木掩蓋了看起來像圍牆的殘跡。衰頹之中帶有幾分美感；一種荒疏、覆滅和幽靜之美。在政府建物群後面，在我們腳邊一些看似古老的石材，一小群一小群的圍著前方草坪，擺放得很整齊。宮殿群（Maligawa）相當破敗。在某些區域裡攀緣植物和雜草淹沒了這些石材，徹底掩蓋了圍牆和埋藏在底下的細節。無從推論出這地面有過什麼，曾經宏偉的建築，僅剩廢墟很不起眼。

一面大型告示告知遊客這宮殿與荷蘭堡壘的歷史。告示內容把倉庫（warehouses）寫成「妓院」（whorehouses）。我不知道這是用諧音來胡鬧的惡作劇，還是真的拼錯字。說來好笑，不管什麼情況，伊本・巴圖塔從未離開我的腦袋。伊本・巴圖塔在巴斯拉（Basra）參加星期五聚禮時，聽到佈道者講道時犯了很多語法的錯誤，曾經氣得發火。他甚至跑去跟法官告狀，說此處的語法水平低落。但他驚訝地得知，巴斯拉原本是語法學大師雲集的地方，如今卻不再有人知曉或重視語法學。

就在我離開之際，我看到某個東西，燃起我一絲希望。在一面石板的側面，刻著一隻鸚鵡的美麗浮雕。雕得如此巧妙優雅，看著那逐漸變細的尾巴和彎曲的腳，你簡直可以想像，在遠去的歲月裡那鸚鵡始終在那土地上昂首闊步。在一片荒煙蔓草中，這是何等美麗的景象！

攀登亞當峯之前，我還得造訪一間沙摩寺。距離拉特納普勒尚有六公里之處，便是主要的沙摩寺的所在。它位於一群建築物的深處，開車從馬路經過是看不到的。握著鬆散的一簇蓮花供俸神明，我進到寺廟台階前的一大片沙地。在台階頂端，又有一名守衛勸阻我不要拍照，除非從廟方的總管（nilame）或託管人取得許可，辦公室在台階下。

在寺廟的建築群底層，一間殖民風格的老式平房內，我見到慈祥的穆提圖瓦迦瑪（Muttetuwagama）先生。他強調每個想要攀登亞當峯朝聖的人都必須先到四間沙摩古寺之一敬拜祈福。這是流傳了數百年的傳統。他指出，舊時這房屋稱得上是總辦公室，負責寺廟的慶典活動，接著他把我的注意力拉到幾間巨大庫房和供應數以千計的人員餐飲的廚房。有一整間庫房用來儲藏椰子，另一間儲藏稻米。他描述起佛牙節慶（perahera）舞者方陣、抽響鞭驅邪的人、鼓手、踩高蹺的人、惡靈面具、身披華麗彩衣的大象、盛裝打扮的村長、僧侶、吹號手、火炬手和歌手的絢麗歡騰，聽起來有好幾世紀久遠。事到如今，很多都變了，穆提圖瓦迦瑪先生感傷那個年代的流逝。儘管佛牙節慶已經連續一百五十年不曾間斷，卻沒有女性擔任舞者，而且遊街的大象數目也減少了。蒂姬女孃（Dikge）的傳統已不復存在，因為她們在現代社會得不到尊重，為了佛牙節遊街的大象也不容易取得，因為私自飼養的或廟方所有的大象並不多，人潮也減少了。穆提圖瓦迦瑪先生離開前，我問他，沙摩神是誰？他微笑說，他認為祂是統治者——拉克·蘇馬那·沙摩（Lak Sumana Saman）。半小時後，帶著照相許可證，我又走回廟裡。

祭司（kapuwa）班德拉（Bandara）帶我走走逛逛，他個頭小，一身白衣和白帽。法事和卡塔拉加瑪廟的相似，使用號角、法螺吹和鼓，但沒有響亮的鐘鳴。僧伽羅信眾帶著一籃籃的供品來敬拜。廟的某些區域很安靜，另一些區域很熱鬧。嬰兒、孩童、父母親和祖父母聚在一起，行禮膜拜，此起彼落，一派虔誠。廳堂的一端有一幅沙摩的大肖像，皮膚白皙，慈眉善目，散發一種溫柔細膩的特質。和沙摩的溫和外觀相比，廟的內部展示的一把古槍則相當醒目，用在節日的吉時鳴槍慶賀。

班德拉對這廟的歷史沒有把握，但他執意要說出他的版本。傳說卡魯納第瓦（R.A. Karunadeva），十五世紀波羅迦摩·巴忽六世（Parakrama Bahu VI）的大臣，來到這地區尋找寶石。他立誓如果找到寶石，就建造一間沙摩寺。和其他地方一樣，永遠不乏傳奇故事。另一個說法是，那是瓦拉甘巴王（King Valagamba）時期（二世紀）流傳下來的建物，後來獻給了沙摩。現存的寺廟是重修改建過的。在寺廟下方的側面壁龕，有一幅葡萄牙士兵把刺刀刺入一名僧伽羅士兵的石雕畫。我離開這沙地大院時，一位可愛的老人坐在大門口販賣「線上拜拜」的票卡，他告知我，天天都可以拜拜。如果我付兩千六百元盧比，可以通宵線上拜拜，我的姓名會印在他身後的布告牌上。我原本很心動，最後還是婉拒了。不過我留下來跟他聊天交換訊息。賈言沙・拉賈帕克希（Jayantha Rajapakse）本來在食品局（Food Board）工作，後來轉到考古部（Archeology Department）。他現在退休了，住在廟的附近，每天早上來這裡幹活。他提點我，不妨到殖民風格的平房對面的博物館瞧一瞧。

博物館所在的伊拉波拉瓦勞瓦（Ellepola Walauwa）是個古雅的小平房。這沒什麼作用的博物館有個奇怪的規定。館內張貼拙劣海報，布置著廉價工藝品，卻禁止遊客拍照。代表考古局的年輕漂亮官員解釋禁止拍照的原因，像在對孩童講話似的耐著性子慢慢說，表明拍照的內容可能會被有心人用來嘲弄該部門或當局。我回想起阿維薩韋勒的考古部委員會。我想他們不需任何人幫忙就可以成為笑柄。他們很有本事獨自做到。

14

聖山

薩蘭迪布山是世上最高的幾座山之一。當我們離這裡還有九天的航程時，從海上就看見這座山了。我們爬上山頂時，看見腳下是一片雲海，遮蔽了視野，看不到山腳。

伊本．巴圖塔（吉柏）

尋索伊本・巴圖塔的行蹤眼下來到了頂點——亞當峯。幾世紀以來，亞當峯或者佛教徒稱呼的佛足峯，受到島內四大宗教——印度教、佛教、伊斯蘭教、基督教——的崇敬。從國內很多地區都能望見的這座雄偉的山，向在遙遠海域上的行旅者通報這座島的存在。這座山變得神聖的確切時間，在口述歷史中已經失傳。從各種可能性看來，應該是維達人（Veddahs）率先崇拜這座氣勢宏偉的山，後來島內既存的所有宗教也相繼崇敬這山峯。

維達人認為亞當峯由天神沙摩守護著，因此稱之為沙摩峯。在佛教傳入這座島之後，有個傳說把沙摩神和佛教連結起來。據傳，沙摩神請求佛陀在一塊藍寶岩（現今就在朝聖者看到的那塊岩石下）留下腳印為蘭卡降幅。民間則是傳說，發現足印的是瓦拉甘巴王（king Valagambha，公元一〇四年），當時他流亡到阿努拉德普勒，藏身於荒僻山林十四年。一天他在悄悄追蹤一頭鹿時，被鹿引到了山頂，遂而發現了聖足跡。

把傳說擺一邊，在蘭卡史裡關於朝聖的最早紀錄可追溯到十一世紀——毗闍耶・巴忽王一世（King Vijaya Bahu I）年代。後續兩百年，史料持續記載每一位登上山峯朝聖的國王，終止於十三世紀的波羅迦摩・巴忽二世（Parakrama Bahu II）。之後中斷了三百年，直到十六世紀韋拉・韋卡拉瑪王（King Vira Vikrama）登上山頂，皇家朝聖才又復甦。後來的統治者延續這項傳統，一直到十八世紀的柯提・希里・賈拉・辛格王（Kirti Sri Raja Singha）。開路、修廟、興建歇息場所，讓朝聖的旅程更便易舒適，是舊日皇家的常規。

登上聖峰的異國旅者的記錄出現得更早。七世紀的佛僧諸如布烏伐邪（Punyopaya）和金剛智（Vajrabodhi）是最早的外來朝聖者。前者在前往中國的途中，登上了他所說的棱迦山（Mount of Lanka），而喀什米爾佛僧金剛智，先在阿努拉德普勒待了六個月才前往聖足峯。在金剛智的描述裡，那是個崎嶇山區，野獸出沒其中，又蘊藏寶石。他最終登上山頂，看到眼前土地的遼闊和大海的浩瀚無垠，內心非常感動。[1]由於蘭卡是海上絲路的必經之地，它成了印度和中國佛僧和尼僧不論到海外宣揚佛法或取經，自然而然會停駐的地點。接著還有法顯和馬可波羅之流的旅人，他們從未造訪聖峯，卻發現聖山聲名響亮，值得記述。在今天，前往亞當峯朝聖的人多半是佛教徒，在每年逢十二月月圓節（Unduvap poya）到五月衛塞節（Vesak）月圓之日的朝聖季節攀登聖山。

亞當峯對於穆斯林之所以重要，是因為亞當是伊斯蘭的首位先知。他是猶太教、基督教和穆斯林公認的眾多先知裡的首要人物。這也就是為何，在橫跨千餘年的時間裡數百位穆斯林從世界各地前來登峯朝聖。在十四世紀期間，從穆斯林地區來的朝聖者人數相當多，以至於伊本．巴圖塔在馬爾地夫群島時說：十天過後，一艘從薩蘭迪布來的船載來許多蘇菲行者，阿拉伯裔和波斯裔的，他們認出我來……我請求（宰相）允許，設宴款待這群在薩蘭迪布造訪過亞當聖足印的蘇菲行者（吉柏）。

根據蘭卡一份早至七世紀的穆斯林商人移民史實，穆斯林前往亞當峯朝聖至少從第八世紀就開始了。[2]第九世紀一份把宏偉的薩蘭迪布峯描寫得天花亂墜的文件，也提到印度南部發現的一部逸史敘述一位與先知穆罕默德同時代的潘地亞人，遇到一群往亞當峯途中的蘇菲行者之後皈依伊斯蘭。[3]

1 作者註：傑佛瑞．桑柏格（Jeffrey Sundberg）和羅夫．蓋貝爾（Rolf Giebel），〈呂向撰述的唐僧金剛智生平：密宗於八世紀傳入爪哇與中國之際在印度南部和斯里蘭卡的前身〉（The Life of the Tang Court Monk Vajrabodhi as Chronicled by Lu Xiang: South India and Sri Lankan Antecedents to the Arrival of the Buddhist Vajrayāna in Eighth-Century Java and China），《太平洋世界》（*PACIFIC WORLD*），《佛學協會期刊》（*Journal of the Institute of Buddhist Studies*），系列三，十三號，二〇一一年秋季號。

2 作者註：田內特，《錫蘭島概述》。

3 作者註：塔巴里（Tabari）引述自田內特著之《錫蘭島概述》。

各種宗教信仰都對很特殊的一座山表達崇敬，這吸引了許多殖民時期作家。[4]這樣的觀察屢見不鮮。縱使有個作家刻毒地說那是窮人的朝聖之旅，[5]其他人則談到，在往山頭的路上，周遭的朝聖者可歸為六個族裔，操著不同的語言，至少屬於四種不同的宗教信仰。[6]這樣的情景在現代依舊看得到。在朝聖季的那六個月，成千上萬的信眾走上六條登山路的其中之一，最有人氣的是哈坦路線和拉特納普勒路線，在朝聖旺季，沿路不僅燈火明亮，而且有充足的食物、補給品和休息站。

只有在朝聖季，山路入夜會點燈。這多虧了約翰．科特拉瓦拉爵士（Sir John Kotelawala）[7]兌現了誓言，於一九四八年三月四日在山上架設電燈。蘭卡在同年二月四日剛脫離英國獨立，報紙報導把約翰爵士登山朝聖比作古代國王的朝聖傳統。約翰爵士在支持者舉著火炬的壯盛行列陪同下登山，很多人一路唱歌。最後約翰爵士登上山頂，為慶祝燈光啟用舉行開幕式。不過幾年前，約翰仍舊舉火炬走上崎嶇多石的山路，周遭的朝聖者唱著宗教歌曲，在可遮風擋雨的洞窟裡紮營，守夜至天明。如同在他之前登聖峯的人，他也驚奇地看見不同信仰的人齊聚一處頂禮膜拜，沒有警察在場，而且平靜和諧。

伊本．巴圖塔走的山路充滿了奇譚。他離開僧伽羅國王的首都後，描述的頭一件事是他來到猴子湖（Lake of Monkeys）。我們離開庫納卡爾，停歇在以盧里的烏斯塔・馬穆德命名的洞窟，盧里的烏斯塔・馬穆德是個虔誠的人，在山腳下的小湖畔鑿挖出這個洞窟。之後我們就往猴子湖的方向走。那山區裡棲息大量的猴子，牠們毛色很黑，尾巴很長，公猴像男人一樣長鬍子。智者歐斯曼和他的兒子還有其他人都告訴我，猴群有個首領，所有猴子都服從牠，當牠是王一樣。猴王頭上戴著葉冠，拄著一根權杖。牠左右有手持棍棒的四名猴子隨伺在側。猴王坐下時，那四隻猴子會站到牠身後，牠妻兒每天坐在牠前方。其他猴子圍坐在離牠一段距離的地方，四隻猴子當中的一隻站出來說話時，所有猴子就解散離開。之後每隻猴子都會帶著香蕉、檸檬或這類的水果

---

4 作者註：田內特，《錫蘭島概述》，以及維維恩・馬金迪爵士（Sir Viviene Majendie）引述自《戀戀錫蘭：歷史、傳說與故事》（*Romantic Ceylon, its History, Legend and Story*），巴賽特（R.H. Bassett）著，一九三四年初版，一九九七年亞洲教育協會（Asia Educational Services）再版。

5 作者註：愛德華・卡本特（Edward Carpenter），《從亞當峯到象島：錫蘭與印度速寫》（*From Adam's Peak to Elephanta: Sketches in Ceylon and India*），一八九二年，一九九九年亞洲教育協會（Asia Educational Services）再版。

6 作者註：約翰・史帝歐（John Still），《叢林潮》（*The Jungle Tide*），布雷克伍德集團（W. Blackwood and Sons Limited），一九三〇年。

7 譯註：一八九五－一九八〇年，軍人、政治家，一九五三年至一九五六年擔任斯里蘭卡第三屆總理。

來，讓猴王和幼猴以及那四隻猴子享用。有一位瑜伽行者跟我說，他目睹過那四隻猴子當著猴王的面用棍棒毆打一隻猴子，毆打完還拔牠的毛（吉柏）。

一些可信的人告訴我，如果這些猴子當中的一個抓到某個少女，她逃不過牠色慾的魔爪。有個薩蘭迪布島民跟我說，他養了一隻猴子，一回他的一個女兒進到屋子，那畜生也尾隨她進來，她大吼大叫趕牠走，牠還是對她施暴。「我們衝進來救她」，那島民繼續說，「看見那猴子撲到她身上，所以我們就把牠殺了。」（葛雷）有些學者認為伊本·巴圖塔談的是維達人，但我在想，他談的可能是傳說中的尼塔烏人（Nittaewo），矮人的小部族，很像毛髮濃密的長爪動物。在民間傳說中，兇猛危險的是尼塔烏人，不是維達人。

這位摩洛哥人繼續詳細描述他的路線：接著我們啟程前往「竹林谷」（the vale of bamboos），卡菲（Khafif）的兒子阿布阿拉（Abou Abd Allah）發現兩顆紅寶石，他把紅寶石獻給了這座島的蘇丹（葛雷）。關於下一站，他說：我們繼續前進，來到一個名叫「老婦寮」的地方，那裡是有人居住的區域的盡頭，從那裡再行經一些石洞（吉柏）。學者們認為伊本·巴圖塔所謂的老婦寮指的是帕拉比達拉（Palabeddala），因為他進一步描述：……名叫老婦寮的地方位於居住區的最末端（葛雷）。話說數百年前有位老婦想要登上亞當峯朝聖。因為窮，她用樹葉編織了一只包袱攜帶旅途需要的食糧。一段時間過後，老婦飢腸轆轆，於是打開包袱，赫然發現樹葉中神奇地出現許多米粒。因此「飯菜包」（Pala bath dola）的地名就是這樣來的。帕拉比達拉以前有個古老的安巴拉馬，裡面展示著用黃銅複製的一頂金罩，那金罩一度庇護聖足印，而且在一六五四年展示給荷蘭訪客看[8]，可惜它就跟其他很多特色一樣消逝無蹤。

過了帕拉比達拉，伊本·巴圖塔停留在巴巴塔赫（Baba Thahir）洞窟，然後是希巴克（Sibak）洞窟，希巴克是異教國王，隱居在此虔誠奉獻（李氏）。伊本·巴圖塔指的希巴克，通常被認為是退位後變成苦行者在這裡打坐修行的某位國王。根據史金（Skeen），那就是特里希列那（Telihilena）洞窟。伊本·巴圖塔就是在這洞窟裡詳細描述恐怖的水蛭：……在這裡，我們看到可怕的水蛭，當地人把水蛭叫做「扎佬」（zalaw）。水蛭棲息在樹上或水邊的草叢裡。有人靠近時，牠會跳到人身上狂吸血。居民通常會隨身攜帶一顆檸檬，碰上被水蛭吸血的情況，就擠出檸檬的汁液滴到水蛭身上，牠就會掉落。居民會用一種專用的木刀來刮拭被水蛭吸過血的傷口（李氏）。

8 作者註：田內特，《錫蘭島概述》。

伊本．巴圖塔談到旅人被水蛭吸血卻沒有加以處理的悲慘下場。據說有一位朝聖者行經這一帶，水蛭跳到他身上吸血，他沒有覺察到，所以沒把檸檬汁擠到水蛭身上……結果失血過多喪命。這人名叫巴巴庫齊（Baba Khouzy），有一個洞穴就是用他的名字命名（葛雷）。伊本．巴圖塔相信檸檬汁有療效，可用來止血，其他的旅人則用油或菸草灰來對治可怕的水蛭。另一個男子的淒慘遭遇，與巴巴庫齊的下場差不多，某日他從樹上跌下來，傷到背部動彈不得，只能動也不動躺在原地，任憑無數的水蛭撲過來，隔天村民發現時，他全身被水蛭吸附已氣絕多時[9]。田內特表示，水蛭是最可惡的禍害，棲息在潮濕的山區植被中。他讓自己沉著冷靜地觀察這種生物，欣賞牠們的構造和韌性，這兩者讓牠們有辦法鑽過最細密的長襪，吸附在人體最柔軟的部位。哈夫納採取不同的做法。他遇到吸血動物或水蛭時，任牠們吸血吸到飽，但他運氣比巴巴庫齊好，逃過一劫，還把親身遭遇寫下來。他冷靜描述，說水蛭一開始的粗細像小提琴的弦，長度約一根手指，大口吸血後，脹大成先前的三倍。不再當慷慨的宿主之後，他往仍吸附在小腿上的水蛭撒鹽。他聲稱沒一會兒功夫，自己已經少了三盎司的血。

伊本．巴圖塔很少談到他在蘭卡旅行初期接待他的東道主和住所，當他往聖山走，他的文章提到大量地名，可惜他對那些地點著墨不多。在他伊斯蘭觀點的濃厚影響之下，從現代地理已無法辨識這些地點。我們從這地方上路，前往「七洞窟」（the seven caves），繼而前往「伊斯坎達爾山」（the hill of Iskandar）。那裡有個石窟名叫阿歷斯法哈尼（Alisfahany）、一座泉水和一棟沒有人居住的宅院，宅院下方有個海灣，被稱為「冥想者的寶地」（the palace of bathing of the contemplative）。在同一處看到了「橘紅石窟」和「蘇丹石窟」。在後者附近，便是聖山入口（葛雷）。

伊本·巴圖塔對於亞當峯最重要的一項觀察，是山上一種罕見的花。山上有形形色色不落葉的樹、五彩繽紛的花朵，還有手掌般大的紅玫瑰。據稱這種玫瑰上有字樣，可以讀出真主和先知的名字（葛雷）。伊本·巴圖塔說的是杜鵑花，這很可能是亞當峯山坡上的樹木花朵首度被記載下來。約翰·史帝歐（John Still）[10]也寫到這種野生杜鵑花，呼應巴圖塔聲稱的真主的名字就刻在斑駁的花喉上。從殖民時期文獻我們知道，巨型杜鵑花盛產於聖峯東側。[11]在伊本·巴圖塔把這種花記載下來之後，詳細描述這些

---

9 作者註：史帝歐，《叢林潮》。

10 譯註：一八八〇－一九四一年，英國考古學家，一九零七年發現斯里蘭卡的獅子岩古蹟。著有《叢林潮》。

11 作者註：威廉·史金（William Skeen），《亞當峯：薩馬納拉和聖足山的傳說、習俗與歷史，以及詳解可

花與樹的是殖民時期作家：多節瘤的樹幹有二十至三十呎高，在開花季節胭脂紅的花朵開了滿山滿谷，把整座山染成火紅一片。令這些歐洲人詫異的是，在歐洲屬於嬌弱的灌木在熱帶竟搖身一變，成為大型的用材樹種。雖然在地文獻並沒談到山上的樹和花，從現存的禮拜儀式來看，古代朝聖者瞻仰聖足印時很可能獻上杜鵑花致敬。

拉特納普勒路線之所以被認為是御道（Royal Path）的理由是，據說在靠近山頂的一個洞窟內有一篇銘文記載了尼散迦摩羅王瞻仰過岩石上的足印。就在這篇銘文的旁邊，據傳有一篇阿拉伯文的銘文，可追溯至十二或十三世紀，內文包含了對阿拉和穆罕默德的歌頌讚美。那裡有一尊人像雙手合十，手上掛著一串念珠，神情恭敬，銘文已經模糊，人物也難以辨識。[12]阿拉伯銘文在這島內並非不尋常。人們發現了許多以不同的東方阿拉伯庫法體書寫的銘文，可追溯至第九至十六世紀——查培歐山銘文（Chappel Hill）、亭可馬里銘文（Trincomalee）、可倫坡賈瓦提墓園（Colombo Jawatte）碑文、巴朗戈達石窟（Balangoda Cave）銘文，以及在塔勒匹諦耶（Talapitiya）

清真寺的三種銘文。在普塔蘭—阿努拉德普勒（Puttalam-Anuradhapura）路也發現其他以摩洛哥書法寫的銘文，在庫魯內格勒—普塔蘭（Kurunegala-Puttalam）路有希巴（Sabean）字體的銘文，但上面又被刻了泰米爾文字。

伊本・巴圖塔並沒有提到那尊國王像的一旁有阿拉伯銘文，但他談到有個石洞：在山腳下的入口處有個石洞也叫做伊斯坎達爾（Iskandar），還有一座泉水（葛雷）。伊斯坎達爾是亞歷山大大帝的穆斯林名稱。在伊斯蘭地景中，亞歷山大大帝是個非同凡響的人物，據信《可蘭經》裡提到的左勒蓋爾奈英（Dhul Kharnain）就是指亞歷山大大帝，因此被列為穆斯林認可的虔誠人物。

和殖民時期作家比較起來，伊本・巴圖塔在描述他的朝聖之旅時並不帶感情。他是不是跟哈夫納一樣，在叢林中捱過夜鶯哀啼不時劃破靜謐的死寂夜晚？聽到野獸的嗥叫和腳步聲，他是否心裡充滿恐懼？從山峯上看到的景象是否令他欣喜，就像高僧

---

12 作者註：史帝歐，《叢林潮》。

倫坡至聖足跡的朝聖路線》（*Adam's Peak: Legendary, Traditional and Historic Notices of the Samanala and Sri Pada, with a descriptive account of the Pilgrims Route from Colombo to the Sacred Footprint*），史金出版社（W.L.H. Skeen and Company），一八七〇年。

金剛智那樣？或者跟田內特一樣，認為那是世上最宏偉壯闊的景色，陸地海洋都無法比擬？確實，伊本．巴圖塔在六百五十多年前四處遊歷，就算沒爬過這麼陡峭的山也有類似的經驗，完成朝聖之際想必昂揚振奮。說也奇怪，這位摩洛哥朝聖者簡略帶過攀登的艱苦，倒是詳細描述了在十三世紀之前少有人提及的一個特色。

前人在山坡上闢出一長列階梯，並且豎立一根根鐵柱，柱與柱之間繫上鐵鍊，供登山的人抓握。這種鐵鍊有十條。兩條在山腳的起點，後繼的七條鐵鍊往更高處延伸，第十條被稱為「清真言之鏈」，因為人們攀登到這裡，往山腳下一看，嚇得口裡不禁念起清真言來，深怕摔下山去（吉柏）。

馬可波羅是最先提到亞當峯有鐵鍊的人，不過他顯然是道聽塗說，因為他從沒爬過亞當峯。經過伊本．巴圖塔詳細的觀察，從殖民時期之前和殖民時期作家我們找到大量有關於鐵鏈的文章。鐵鍊是怎麼變成熱門話題的？穆斯林認為鐵鏈的由來要追溯至亞歷山大大帝。[13]顯然有一首十五世紀波斯人寫的詩道出亞歷山大和提亞納的阿波羅尼烏斯（Apollonius of Tyana）在攀登薩蘭迪布山時從山岩鑿出層層台階，又用鐵和銅製的圈環和鉚釘做成鏈條，協助旅人和朝聖者登山。事實上，亞歷山大和鐵鏈毫無干係，因為他最遠抵達印度北方，並未南下。然而，人們認為強韌的鐵鏈是某個英勇之人的傑作。也許鐵鏈是十一世紀某位在地國王架設的，這也就是為什麼在《大史》裡記載的首次登山朝聖發生在十一世紀。

史帝歐和哈夫納並沒有攀附鐵鏈，但他們確實看到那些鏈條被狂暴的季風吹得左右搖晃叫人膽顫心驚。伊本．巴圖塔跟當時的朝聖者一樣很有膽量。難怪他說最後一條叫做「清真言之鏈」，因為人們爬到這裡時往腳下一看，會驚嚇得念起清真言，伊斯蘭教最根本的信條。萬物非主，唯有真主，穆罕默德，是主使者！伊本．巴圖塔沒有多說和鐵鏈有關的不幸事故，然而一八一五年就發生這類的一樁悲劇，當時有幾位朝聖者緊緊攀附著鐵鏈，忽地被一陣狂風吹落懸崖身亡。[14]凡是看過那些鐵鏈的人都認為鍊條相當古老，有些人認為靠近山頂固定在岩石上的大鏈條古老到很可能是亞當親手擺放的[15]。

到了十九世紀末，根據記載，拉特納普勒山徑可見大大小小造型不一的鐵鏈交疊，

---

13 作者註：田內特，《錫蘭島概述》。

14 作者註：強納森．佛卜斯少校（Major Jonathan Forbes），《錫蘭歲月十一載》（*Eleven Years in Ceylon*），一八四〇年，亞洲教育協會（Asia Educational Services）於一九九四年再版。

15 作者註：羅伯特．珀西瓦爾（Robert Percival），《錫蘭島概述》（*An Account of the Island of Ceylon*），鮑德溫出版社（C. and R. Baldwin），一八〇三年。

其鏈結有六吋長。[16]在那當時，朝聖者來到山上的某一處會遇到懸崖峭壁。接著他必須爬上固定在峭壁表面的一截鐵梯，然後在最後的三十碼他必須放手一搏，把腳踩在鏽蝕的鏈結上，死命把自己拉上去。在攀爬者和萬丈深淵之間，除了吱嘎作響搖來晃去的鏈條什麼也沒有。一八七六年，一位英國軍官，錫蘭步槍團的後輩，建議膽子小的人別遲疑，也別往下看，因為用伊本·巴圖塔的話來說，一被可怕的念頭纏住，就會摔下山谷（李氏）。在二十世紀初期，那截梯子還在，有人把鏈結描述成相當罕見的樣式，深信伊本·巴圖塔親眼看到的就是那些鏈結。[17]

如果有人認為，拉特納普勒山徑存在這些鏈條，可以毫無疑義地證明這條山徑就是伊本·巴圖塔攀爬的路徑，那麼實情是鍊條仍是難解的謎團，因為一八九六年維維恩·馬金迪爵士（Sir Vivien Majendie）也在哈坦路線看到鐵鏈。而今天，鐵鏈已不可尋，因為山徑會隨著時間改變，但謠傳鐵鏈依舊在那裡。

經過伊本·巴圖塔說的那種折磨後：過了第十條鐵鏈，就來到希達爾洞窟，洞內空間很大，入口有一口同名的泉水，水裡有很多魚，但沒有人在這裡捕魚。洞窟附近的道路兩側各有一個從岩層鑿出來的水池（李氏）。

當史金攀爬亞當峯尋找伊本·巴圖塔的足跡，他自認找到了這座洞窟，他說：在下山半路左手邊，有一口從岩地開鑿而成的池水，水有五呎深，擠滿了蝌蚪。伊本．巴圖塔很可能看到相同情景，因為他提到泉水，就在入口處，水裡有很多魚……越過這裡，幾乎是面對下坡，在山的對側二十餘呎高的地方有個洞窟。為了抵達那洞窟，我和同伴披荊斬棘穿越叢林，最後得出結論，這裡就是希達爾洞窟……[18]他認為伊本．巴圖塔就是在這個洞穴住了三個晚上。朝聖者把行囊留在這個洞穴內，然後再往上走兩里路就可以抵達山峰，也就是聖足印的所在地（吉柏）。

最後在山峯上，他描寫那足印：那高尚的足印，人類父親亞當的足印，就在寬闊空地的一塊高聳的黑色岩石上。聖足印沉入那塊岩石中，留下深陷的壓痕，有十一個指距長（葛雷）。根據一八九二年的一位旅人的記述，那稱不上是足印，而是天然的凹口，大約一英吋深，五呎長，遠遠看起來像足印。不論如何，在地當局用灰漿砌黏瓷片框出含糊的邊緣，凸顯局部的形狀。[19]一般認為原始的壓痕沒有腳趾，儘管國內其

---

16 作者註：卡本特，《從亞當峯到象島：錫蘭與印度速寫》，一八九二年初版，一九九九年亞洲教育協會再版。
17 作者註：巴賽特，《戀戀錫蘭》。
18 作者註：史金，《亞當峯》。
19 作者註：卡本特，《從亞當峯到象島：錫蘭與印度速寫》。

他地方的複製品，譬如在庫魯內格勒的複製品，則仔細勾勒了腳趾。伊本．巴圖塔也提到一段軼事：古代的中國人來到這裡，從岩石上把腳拇趾部分鑿切出來，帶回刺桐城（Zaytun）的一座寺廟供奉著，人們從天涯海角前來參拜（吉柏）。其他旅人像是馬可波羅也談到與山頂足印有關的奇聞軼事。

古代朝聖者走一趟朝聖之旅要花好幾天時間，和今天的情況很不一樣。通常朝聖者在希達爾洞窟停留三晚，每天早晚參拜聖足印，我們也依循這個習俗（吉柏）。穆斯林朝聖者顯然可以把信眾帶給聖足印的獻禮拿去捐助窮人。有聖足印的那塊岩石上被鑿出九個洞，崇拜偶像的朝聖者把金子、寶石和珍珠放在那些洞裡作為獻禮。你會看到托缽僧抵達希達爾洞窟後，爭先恐後來到這裡，拿走這些洞裡的東西（葛雷）。我們到了之後發現那些洞裡只剩些許寶石和少許金子，我們就把那些都送給嚮導（吉柏）。據載，十七世紀康提國王拉賈辛格二世（Rajasingha II）慈悲為懷，經常慷慨救濟國內的窮人，特別是行乞的摩爾人。[20]他可能承續了此前已確立數世紀之久的慈善傳統。三天後，伊本．巴圖塔從比較平坦好走的路回到山腳下。三天的行程結束後，我們從母親之路下山，途中在山區的幾個村莊停歇（吉柏）。

這位摩洛哥旅人省略了很多細節，實在叫人氣餒。他沒談到朝聖者抵達山頂時會敲響的那口鐘。固然在當時那口鐘並不存在。有關山頂那口鐘以及敲鐘習俗，我所能找到的最早描述來自葡萄牙人羅德里奎斯・迪薩（Rodrigues de Saa）。伊本・巴圖塔沒提到山頂上的圍牆，那是十三世紀的波羅迦羅摩・巴忽一世和普伐內迦・巴忽的首相威拉辛格・帕第拉賈（Weerasingha Patiraja）修築的。他也隻字不提攀爬這座山有多麼累人。他確實坐轎子旅行，但不大可能上下山全程都坐在轎子上。他也沒說爬山時遇到下雨。根據當今研究伊本・巴圖塔的學者麥金塔—史密斯（Mackintosh-Smith），他曾在間歇的雨勢中爬上山頂，阿拉伯和波斯地理學家們無不抱怨山上陰雨綿綿。史金在登山過程中也巴望著有乾爽衣服可穿。伊本・巴圖塔也許很走運，在旱季爬山。他沒談到日出，沒談到山影，沒談到山頂風光，但伊本・巴圖塔登上亞當峯的記述，依然是我國十四世紀歷史的一則奇妙的側寫。

20 作者註：羅伯特・諾克斯（Robert Knox），《錫蘭島的歷史淵源》（*An Historical Relation of the Island Ceylon*），一六八二年初版，提撒拉普拉卡沙卡尤（Tisara Prakashakayo）出版社，一九八九年再版。

15

叫人打退堂鼓的山

基督徒、猶太人、穆斯林、薩滿、祆教徒，
石、土、山、河，
各有一套隱密的方式面對奧祕的唯一，無須受評斷。

魯米（Rumi）

山姆和我朝拉特納普勒這一側的山底出發，距離朝聖季結束還有兩個星期。然而我們的旅程一開始就沒有好兆頭。行駛在一條彎路上，我們原以為會通往山底，開著開著竟迷路了。結果我們走在繞向巴朗戈達（Balangoda）城的另一條路上。那條路風景秀麗，有許多溪澗和絕美的瀑布，當時我們並不介意繞遠路，只不過為此付出巨大代價。疾駛返回通往亞當峯的轉彎處，我們走錯路的原因很明顯。路標設置得很糟糕，在濛濛細雨和薄霧之中更是幾乎看不到。沒多久我們很懊悔時間上的延宕，足足多耗了兩個鐘頭；到了中午過後，灰壓壓的雨雲滾滾而來，大雨傾盆而下。山底遍布著卡尼（Carney）茶園和製茶廠，當我們抵達山腳下，季風夾帶的滂沱豪雨正在發威。

儘管嚴格來說，目前仍是朝聖季，五月衛塞節在兩星期後，但停車場看起來很荒涼。一輛巴士孤零零停在那裡，成了尚有其他朝聖者在山路上的唯一指標。我們使勁把雨衣穿上，把裝滿食物和水的背包揹到肩上，聽到巴士司機跟我們說，他昨晚載來的那一團朝聖者還沒下山，一絲恐懼爬進我心裡。當時是下午三點，而那一團人是昨晚八點開始登山。

山腳下離停車場幾步路的地方有座沙摩寺。按佛教徒的習俗，登山前要先跟沙摩神祈求一路平安。我一心想著快點上山，況且雨愈下愈大，於是決定筆直朝台階走去。

山徑起點是一條狹窄的泥土路，兩側有許多小貨攤，攤上堆著塑膠娃娃、可愛的充氣動物，還有鑰匙圈、花俏的耳環、氣球等派對用品，沒有一樣是朝聖者攀登山路用得上的。始料未及的寒冷讓我的耳朵刺痛發癢，顧不得時間一分一秒流逝，我們花了十五分鐘在唯一一家販賣外套、帽子和連指手套的貨攤挑了一頂圓頂繫帶帽。我問攤商有沒有薄荷糖，得知已經是季末了，所以存貨不多。先前草草吃了路邊商家自製的三明治當早餐之外，我們還沒用餐。原以為可以在路邊找個店家吃午餐，然而沿路店家不斷減少，看來是個令人憂心的警訊。

儘管還是下午，天色已經暗得必須點燈。此時雨勢轉為毛毛雨。我默默感謝約翰爵士，抬頭望著星星點點的燈火蜿蜒而上，直到被遠方的雲層吞沒。我們開始往上爬。一開始是又長又陡峭的上坡路。大多是沒有欄杆的水泥窄階，穿越零散的村落，通往更長但未必更寬的水泥台階。台階不斷向上延伸。走到第五十階，我已經落後，必須用登山杖來平衡向上的每一步。登山步道穿越「頂峰野生物保護區」（Peak Wilderness Sanctuary）的雨林，風景優美，但果不其然，潮濕的天氣讓登山過程非常艱辛。我們開始和幾位下山的朝聖者錯身而過。他們一臉疲憊，連擠出笑臉和我們打招呼都很困難。在回答我的問話時，有幾個告訴我們，他們在山上已經有十九個鐘頭！一位年輕媽媽把學步娃兒攬在胸前，顫抖著邁出每一步，戰戰兢兢踩在潮濕台階上。兩位老婦人披著紫色塑膠布當雨罩，相互攙扶，好讓下山的每一步容易些。他們靠邊站讓我們通行時，痛苦刻畫在那每一張臉上。

我一度停下來喘口氣，聽到腳邊傳來嘶嘶聲。原以為是眼鏡蛇，納悶牠對我發出什麼信息。只見矮樹叢扭動著，彷彿有爬蟲類在底下移動。觀望幾分鐘，趁機歇口氣之際，我細想伊本．巴圖塔在蘭卡的旅行，全程從未提到遇過蛇。這樣的遺漏頗奇特，因為鄉下有很多毒蛇，每年有相當多的人遭蛇咬身亡。也許他坐轎子旅行，所以不會遇到會咬人的昆蟲，但蛇類常藏匿在縫隙裡，在現身之前，已經爬行很長一段時間。我親身的一次經歷至今仍記憶猶新，一條大錦蛇躲進我們的雙廂貨車裡，從普塔勒姆一路跟著我們回到可倫坡的住屋。隔天牠悠哉地爬出來逛大街，在城裡掀起一陣騷動。伊本．巴圖塔沒遇到蛇純粹是走運。

往上爬的過程，每座茶攤都是歇腳的好機會。茶攤不過就是個披棚結構和泥土地面。幾張窄長椅，勉強有屁股寬度，另有狹長木板充當桌面。每到一個茶攤，我會犧牲幾分鐘時間，喘口氣，藉機喝杯茶，吃炸鹹鹹圈（vadai）。在其中一攤，我們遇見從恩比利匹蒂耶（Embilipitiya）來的一對夫妻帶著四個孩子，有個領隊陪同。他們把半顆熟芒果分給我們吃。我們離開後繼續往上爬，但不到半小時，他們已經超過我們，再也不見他們的蹤影。接下來茶攤愈來愈少，一段時間後，什麼都看不到。這條步道孤寂淒美，但我一直在掙扎。我駐足喘口氣，假裝觀看一群猴子玩耍。

經過帕瓦內拉（Pawanella）警局後，我們在孤零零的一間茶攤歇腳。年輕的一幫三兄弟從我們眼前的陡峭台階下來。中間的男孩被他的兄弟抬起，來到茶攤時，他癱軟下來。山姆和我不為所動，繼續往上爬，但沒多久，我顯然沒辦法走遠了。毛毛雨下不停，我們必須一直穿著雨衣。在利希尼海拉（Lihini Hela）的沙摩寺，我們僅能匆匆一瞥，最後在利希尼海拉茶鋪吃了當天第二個三明治。我們才走完兩公里路，要爬完剩下的八又二分之一公里的山路是愈來愈困難了。

我們經過標示海拔三千三百公里的地方。這一回我們注定不會成功。在卡圖齊蘇拉汪古瓦（Katukithula Wanguwa）安巴拉馬歇腳時，我們必須做出決定。山姆的大腿嚴重抽筋，一拐一拐的走進那歇息處。他坐到寬水泥長椅上，思索接下來要怎麼做，他想到蘇格蘭的布魯斯（the Bruce of Scotland）羅伯特一世（King Robert）的故事，這位國王和伊本・巴圖塔差不多是同一年代的人。與英格蘭國王六度交戰落敗之後，蘇格蘭國王逃走隱身在一洞窟內。筋疲力盡的他失去所有希望。他躺在那裡思考何去何從時，看到一隻小蜘蛛在織網，網一直有破洞。蜘蛛試了六次，失敗六次。然而在第七次，蜘蛛成功了，這激勵了羅伯特國王再一次跟英格蘭國王開戰。這一回他成功了，蘇格蘭被公認為獨立國家。我和山姆年紀夠大，能夠懂得這個隱晦的故事的涵意。我們決定回頭，下次再來。

能在這一趟登山之旅看到銘文、足印、日出、日落甚或杜鵑的期待已落空，回程途中我們在靠近帕瓦內拉的一個攤子歇腳。名叫古納達薩（Gunadasa）的精瘦老人看管這鋪子，很樂意為我們泡兩杯茶。我坐在那裡一言不發，努力讓自己接受失敗的事實，此時電話鈴響個不停。古納達薩大聲叫喚一個沒露面的同伴。沒人回應，我心想，鋪內不見另一個人影，該不會是寂寞讓他產生幻覺。電話又響了，這時桌下一陣騷動，我原以為只是一堆舊布的地方動了一動，結果冒出一名更老的人。他起身拖著腳步走，拿起話筒咕噥幾聲，對著話筒喘氣，講沒幾句話就掛斷了。接著他坐到櫃台邊，氣呼呼看著我們。這位是吉納達薩（Jinadasa），古納達薩的胞兄。我往一串少得可憐的香蕉走去，打算挑一根來吃。果然聽到吉納達薩大聲斥責，說我把每根香蕉捏一捏檢查熟度很沒必要。為了岔開他的注意力，也為了改變他的心情，我開口跟他聊天。

他一點也不訝異我們無功而返。他指著茶房外的小沙摩寺。你沒把祝願綁在那，他咆哮著說。如果你有的話，你就會成功爬上去。我雙手捧著小茶杯讓手暖活，彎腰往前探了探那間結滿了白布條的素白小寺。每條白布都包著少許硬幣——向神明許願，祈求登山平安。我旋即起身，跟他要了一條白布來許願。我不太清楚這有沒有用，當時我心情低落，但這樣做看似是對的。我遞給吉納達薩一些買布錢，他粗率地把我撥開，叫我閉嘴坐下。古納達薩，兩兄弟當中比較討喜的那個，趁機在桌下躺平，把自己變成一堆舊布。

留下我面對吉納達薩，我努力再讓他開口說話。我訝異的發現，他聽過伊本·巴圖塔，但不出所料，他並不知道任何細節。古納達薩聽見我們的交談很有趣，振作起來加入談話。他們倆進行了一些討論。這位摩洛哥人在一三四四年來到這裡，這事實給了吉納達薩很多想法，他花幾分鐘思忖。當他聽到，即便在那個世紀，各種信仰的朝聖者都走這條路上山，他手一揮不以為然，說當今的情況也是如此。這兩兄弟是下方村莊裡的小茶農。吉納達薩結了婚有小孩，古納達薩單身，跟著吉納達薩一起住。我很訝異。我以為古納達薩更有機會討到老婆。也許吉納達薩具有不為人知的特質，使得他是令人中意的丈夫。我們離開時，我對這對兄弟知道伊本·巴圖塔感到一絲欣喜。那位摩洛哥人依舊活在這座山的記憶裡，縱使只留下姓名。

儘管現今的步道有台階，下山走在間隔不一的台階比上山更累人。我們的腳步放得更慢，結果水蛭慢慢朝我們前進。這無疑是伊本．巴圖塔的旅程裡我可以感同身受的一個特色。我們沒用檸檬，也沒用灰燼，而是塗阿育吠陀膏（ayurvedic balm），很有效。

我們蹣跚經過在上山的頭一間茶房遇見的婦人，她同情地看著我們。「我們很習慣這山區」，她大聲說。在白天，男人扛著沉甸甸的水泥袋、木板、磚塊和砂石，急匆匆上山又蹦蹦跳跳下山，彷彿扛的是羽毛！「可倫坡的人做不來的」，她憐憫地說出這最後一句。

這一回登聖山很不走運，但我從前攻頂過。兩次攻頂。跟伊本．巴圖塔一樣，第一次就大膽登上山峯，走的是拉特納普勒路線。我跟一大群人一起上山，登上山峰時我沒看到負有盛名的日出。第二回同行的人少很多，一行人包括我姊姊，她未婚夫、未婚夫的兄姊。總共五人。那回是從哈坦那一側上山。我們抵達山峯時天色依舊是黑的，在寒冷中我們坐在石階上打哆嗦，彼此身體靠在一起取暖，等著觀賞輝煌的日出。一看完日出，我們趕忙衝到另一側去看投射在雲海上的詭祕峯影。

開車穿過黑暗和濃霧朝向拉特納普勒城，我心裡湧起一種奇怪的感覺。朝聖不只是登這座山，不只是單純爬上一萬三千個台階然後下山。朝聖在於朝聖的念頭，在於為伊斯蘭教所有功業加深份量的一種意圖，當伊本．巴圖塔遇見完成朝聖之旅的那些人，拿登上聖山的故事讓聽眾驚呆之際，朝聖的種子深植在他心中。最後，當他在傳說中的薩蘭迪布海岸登陸，內心的憧憬有了成真的希望。這是旅行的驚奇之處，很多的可能性隨時隨地會出現。但這一回，我並不走運。

16

四十一名朝聖者

這些村莊和驛站都在這座山上。靠近山腳，在同一條路上，有一棵會行走的樹，相當高齡的樹，而且不會落葉。

伊本・巴圖塔（葛雷）

街道上擠滿了一小群一小群男人，每個人不是注視著掌心，就是對著光線高舉著手。你會誤以為那是瘋人院的病患出來透透氣的日子。在拉特納普勒，一過了黎明就是買賣寶石的時候。就是賣力幹活，把彩色石頭轉變成現金的時候。發大財和輸光光的時候。事實上，這就是拉特納普勒——寶石之城——的日常。在古代，這整座島被稱作Ratnadvipa，也就是寶石之島。伊本·巴圖塔和其他旅人證明了這島上遍地有寶石。在今天，拉特納普勒仍舊是寶石交易中心。

殖民時期關於拉特納普勒的最早記述是從一八九一年開始，當時的拉特納普勒就是一條長長街道，有許多小貨攤和小屋，一間郵局、法院、區祕書處（Kachcheri）和一些小平房。[1]在今天，都市擴張的情況大為不同。我這一段旅程有三位朋友加入：蘇內菈·賈亞瓦迪妮（Sunela Jayewardene）、她的老公卡盧（Karu），和我們共同的朋友米拉克·拉希姆（Mirak Raheem）。我們開車進城時，看見十字路口的交通大打結。你想像得到的每一種交通工具都使勁要殺出車陣，我們在鐘樓處遲疑著，不確定要右轉或左轉。就在這猶疑不決的時候，一座鑲著亮綠鋁窗框和金色圓頂的小清真寺，吸

1 作者註：卡本特，《從亞當峯到象島：錫蘭與印度速寫》，一八九二年初版，一九九九年亞洲教育協會再版。

引我的目光。

這座清真寺四平八穩坐落在兩棟醜陋的商業建物之間，右邊的藍色小屋，招牌寫著莎碧飯店（Hotel de Sabe），左邊是髒汙的二層樓建物，裡面有書局、商場和藥局。我這趟旅行的座右銘是，在拿不定主意時，就到清真寺去。只是那些地方總讓我心裡不安，總不確定自己會受到什麼待遇。我披上頭巾走近清真寺，希望給個好印象。有個小入口從街道通往一條長而陰暗的迴廊。半途中我看見一名年輕男子啪嗒啪嗒下樓梯，他蓄著一小搓鬍鬚，身穿長白袍，戴頭蓋帽。噓！噓！他一見我立刻這麼出聲，狂亂揮著手比向一側，那裡有個用釘子釘上的長方形硬紙板，上面以潦草字跡寫著婦女禱告室。我杵在原地。沒等他開口說話，我告訴他我想跟伊瑪目談一談。結果他就是我要找的人——毛勒韋[2]．因撒夫（Moulvi Insaaf）掌管大市集清真寺（Bazaar Mosque）。幸好，他樂意耐心地聽我的請求。這回我曉得慣例為何，這是這趟旅程造訪的第五間清真寺了，首先要報上我的家世，這是年代久遠的清真寺的老規矩。確認過我是真正的穆斯林婦女後，毛勒韋．因撒夫問我和蘇菲派的淵源——我的奎德里道團（Qadiri）之於他的沙第里道團（Shadili）。

蘇菲派是伊斯蘭的一種神祕形式；著重內心的省思，以達到與真主心有靈犀。蘇菲派在七世紀末形成，發展成能夠融合其他社群和汲取其他文化的一個群體。蘇菲派分成幾個不同道團或者說道乘（tariqat），也就是由精神導師帶領的會眾。大多數蘇菲派屬於遜尼派穆斯林，在中世紀晚期什葉派穆斯林也發展出一些道團。在蘭卡，蘇菲派團體譬如奎德里道團、沙第里道團和利法伊道團（Rifaii）都已存在數百年之久。在當代，大多數蘇菲派納克什班迪道團（Naqshabandi Sufi）和其他小道團在蘭卡也有各自的信眾。

毛勒韋．因撒夫一面用噓聲趕走建築工人，免得他們在洗禮池洗腳，顯然這情況經常發生，一面警告我，在拉特納普勒，知道或聽過伊本．巴圖塔的人不多。他知道轉角處的一棟建築可以提供更多資訊。葉海亞汽車公司（Yehya Motor Company）。為什麼一家汽車公司會有一位十四世紀摩洛哥旅人的資訊令我不解，但我決定不管上哪兒都行，只要可以知道更多。

毛勒韋指向右方，我順著路大步走，每遇到一棟建物就探問那汽車公司的方向。雖然很多人一臉茫然，最後我來到一條碎石巷，有個招牌刻著葉海亞汽車公司字樣。

2 作者註：伊斯蘭教的尊稱，也可以拼寫成 Moulavi。

這家公司其實是一間小行號，離清真寺一百碼，位在一間平房內。我一入內，所有男性員工都側目而視。汽車公司裡的人對伊本・巴圖塔一無所知，甚至聽都沒聽過他的名字。我立即花了十五分鐘大力介紹伊本・巴圖塔以及他在蘭卡的旅程。在一陣啞口無言之後，有位落寞的人舉手指向店內的一個區域。在玻璃隔間後面，一位慈眉善目的老紳士蓄著長長白鬍子戴著頭蓋帽招呼我入內。他專注聆聽我的來意。我再次重述一遍伊本・巴圖塔的故事，嗓音已沙啞，也不敢奢望這回能夠得到鼓舞人的線索。不料這位老先生以顫抖的聲音指示我前往鎮中心最古老的清真寺，潔妮絲朱瑪清真寺（the Jenneth Jumma mosque）。

我在老先生面前猶豫不決地等著。也許是注意到我的遲疑，他示意要我等一會兒，接著拿起一個骨董電話聽筒，打了幾通電話，跟幾個人說話。「好了」，他跟我說，「午飯後到朱瑪清真寺，他們會等妳。」我聽了很開心，想必我喜形於色，頓時葉海亞汽車公司的氣氛輕鬆了起來，變得友善，簡直歡快。我往辦公室出口走時，有位更老的老先生坐在遠遠的角落，對我揮著顫抖的手。我曳步走向他，心想在我離開前還要見過多少位很老的老先生。老先生二號給了我一則重要的建議。「妳必須去巴朗戈達，去吉蘭尼（Jailani）。」他用虛弱的聲音堅持我這麼做。「那裡對穆斯林來說是很神聖的地方，我想妳會在那裡找到伊本．巴圖塔。」他把寫了兩支電話和一個人名的紙條塞到我手中。「拉齊克．毛勒韋（Razick Moulvi）」他說，「他是負責人，妳去找他。」我離開汽車公司時步伐變得好輕快。

正值午餐時間，但我們吃得並不盡興。繁忙大街上的綠玻璃現代食堂悶熱、嘈雜也不太乾淨。裡面擠滿了戴白帽蓄大鬍子的男人，錯身而過的相互問安此起彼落，我們被冷淡地供應了一頓沒有滋味的餐食。伊本．巴圖塔熱愛食物，也熱愛詳細描述他的豪奢餐飲，他也格外鄙視不符合他標準的國家和飲食。在茅利塔尼亞（Mauritania），當地人請他吃粗磨栗米拌上蜂蜜和牛奶，他覺得味道糟透了，這也影響了他對那整個國家的看法。他待在戈比爾（Gobir）的情況更糟，城裡沒有作物，沒有奶油，也沒有橄欖油，居民只吃椰棗和蝗蟲果腹。

朱瑪清真寺是大教堂清真寺，舉辦星期五集體禮拜的地方。這類清真寺通常很寬大，往往是區域裡最古老的清真寺。潔妮絲朱瑪清真寺是一座巍峨的白色清真寺，坐落在從大馬路岔出的一條塵埃瀰漫、沒有樹木的炎熱側巷。兩旁有鐵工廠、乾貨店和堆了許多砂土的建築工地，周圍通道很混亂。清真寺本身也在整修，黑色大理石的宣禮塔圍著鷹架。我們從側面半開的格柵門進去。

它從前應是很漂亮的清真寺，但現在看起來像是沒有章法地擴建和改建。兩名男子站在中庭等著我們，更重要的是，他們面帶微笑。理事法魯克先生（Farook）和他的朋友圖安．哈尼法（Tuan Haniffa）先生邀請我們坐在洗禮池旁邊。法魯克先生舉手擊掌，招來了圍成一圈的幾把棕色塑膠椅。他帶著歉意解釋說，我們沒辦法進到裡面，因為「塔卜里格傳教團」（Tabligh Jamaat）接管了這座清真寺，這是二十世紀初源起於印度的一股正統宣教運動。他們最出名的特色，就是不贊同婦女在公共場合拋頭露面。所以這座清真寺把女性拒於門外。這座清真寺的緣起和其他清真寺的相仿，我在伊本．巴圖塔的遊歷中看到這類故事的原型。它們有共同的主題——前往亞當峯朝聖、奇蹟和夢。這一則甚至有神奇的療癒樹和一位尤那尼（unani）。

尤那尼是穆斯林醫生或成為御醫的哈基姆（hakim，指「智者」或「醫生」，通常指草藥醫生）。儘管在古老文獻有記載，在今天，除了穆斯林社群知道這個用語，很少有人聽說過。尤那尼已經融入蘭卡社會，尤其是在十七世紀，當時他們被賦予氏族姓名——在僧伽羅以 ge 為名，像是 Betge Mudiyanse（醫藥司長）——並且擔任密使，譬如拉賈希姆訶王（King Kirti Sri Rajasimha）派遣他的心腹，尤那尼格帕拉．穆達利亞爾（Gopala Mudaliyar），前往蓬蒂切里（Pondicherry）向法國求援，以對抗荷蘭。

有個民間故事描述五名阿拉伯人在蘭卡島登陸被捕的冒險故事。他們在牢房裡聽說皇后病了，宮中御醫束手無策。這些阿拉伯人當中有三位是尤那尼，於是他們找人把消息帶到宮中，表明願意提供協助。在皇后的床側，一大片布簾的後方，他們奉命不能碰觸皇后的玉體，只能在皇后手腕綁一條線來進行診療。為了確認他們的本事，國王首先把線綁在一張椅子上，後來又綁在一隻貓身上。困惑的尤那尼們認出第一個是死木，第二個是四足動物。測試還沒完。線接著又綁到人盡皆知的一位生了病的孱弱大臣手上，尤那尼們又正確地分辨出來。經過這一番測試，國王對他們的本事心服口服，才允許把線綁在皇后手腕上，讓尤那尼透過線來診斷和治療。皇后最後痊癒了，不消說這幾位阿拉伯人得到許多賞賜並且獲釋。[3]

眼下，拉特納普勒清真寺的故事牽涉一位名叫賈巴魯斯・茂拉那（**Aleen Ibnu Haafiz Musa Jabarooth Mowlana**）的尤那尼，在三百多年前從未知的國度來到這裡。他在夢中奉命前往亞當峯朝聖。在夢裡，他被告知要把船停靠在長了一棵大菩提樹的河

3 作者註：洛娜・德瓦拉賈（Lorna Dewaraja），《斯里蘭卡的穆斯林：一千年的族裔和諧》（*The Muslims of Sri Lanka: One thousand years of ethnic harmony*），九〇〇－一九一五年，斯里蘭卡伊斯蘭基金會（The Lanka Islamic Foundation），一九九四年。

岸邊。抵達迦勒後，他沿著卡魯河（Kalu Ganga）向上航行，不時張望尋索上述的那棵樹。最後他看見夢中的那棵樹。在那地點上岸後，他發現穆斯林朝聖者的一片墓地，數百年前為了朝聖而葬身此地的穆斯林，共有四十一座墳。他認出其中一個墓碑是這一團的首領，名為穆斯塔法・梅奇・瓦利烏拉（Al Mustafa Mecci Waliullah），而且四十一人當中，有一位女性名叫潔妮絲・畢碧（Jenneth Bibi），這間清真寺就是以她的名字命名。

一般認為，十五世紀的《紀拉史詩》（*Gira Sandesa*）是最早提及貝魯威拉（Beruwela）的穆斯林婦女與恩・莉亞（yon liya）的文獻，致使很多人以為只有男性從阿拉伯世界來到這國家，在此跟僧伽羅女人和泰米爾女人通婚。大部分的情況是如此，但潔妮絲・畢碧的故事，加上海軍中校索瑪斯里・戴文德拉（Commander Somasiri Devendra）在亭可馬里造船廠發現一名十四世紀穆斯林女士的墓碑比《紀拉史詩》年代更早，顯示出縱使罕見，穆斯林婦女的確飄洋過海來到這裡，不管是登上亞當峯朝聖，甚或跟隨父親和丈夫在此安頓下來。

尤那尼賈巴魯斯・茂拉那決定要買下這座墓園並加以照料，給予埋骨於此的人應有的尊重。但是地主馬・哈米・巴蘇尼（Mal Haami Baasune）不願意出售。這位尤那尼決意先完成登峯朝聖再說。回程時，他在拉特納普勒待了下來。一天，馬・哈米・巴蘇尼的家人派人把這位尤那尼請來，為得絕症的家族長老治病。最後長老康復了，為了答謝這位尤那尼，巴蘇尼把那塊墓地免費贈給尤那尼茂拉那，但尤那尼堅持要付費。巴蘇尼於是在名義上索價五十分錢。沒多久，那土地蓋起了一間小清真寺。夢中的那棵菩提樹生長茂盛，樹葉據傳有神奇療效，在清朗的夜晚，來自亞當峯的光亮據說會映射在樹冠上。而今，那菩提樹看起來並不繁茂，遭到大肆修剪，只剩小小樹冠得以生長。自從這座清真寺宣示效忠於傳教團之後，四十一名朝聖者的祠堂和那棵樹就成了禁地。就連清真寺的理事們也不得靠近。

　　眼下，有件事很奇怪。從亞當峯下山途中，伊本・巴圖塔提到了一棵會行走的樹：……在這條路上有一棵會移動的樹，那是一棵非常古老的長青樹；我周遭的人從沒看過（那樹落葉）。那棵樹也被叫作 mdshla，因為他在山頂上遠遠的就能看到那棵樹，而當他靠近山腳下從樹底下來看時，這樹似乎倒退了（胡賽因）。印度民間傳說稱呼菩提樹是多足樹或行走樹，因為村民相信這種樹每長出新根，就會朝新根方向緩慢移動。[4]在潔妮絲清真寺的這棵菩提樹也許不是伊本・巴圖塔看到的那棵樹，但它確

4 作者註：桑提尼・戈文丹（Santini Govindan），《印度教徒報》（*The Hindu*），十月十三日，二〇〇一年。

實是一棵行走樹。

我把話題拉回伊本・巴圖塔。這兩位拉特納普勒人認為他是頭一個來到蘭卡的穆斯林，而且他在迦勒上岸。他們不接受伊本・巴圖塔是從普塔勒姆登陸，認為他從迦勒上岸後，沿著河流航行，造訪了巴朗戈達的吉蘭尼，來到拉特納普勒完成登峰的朝聖之旅。

從迦勒前往亞當峯的朝聖路線一直被詳細記載。從古早以來，穆斯林朝聖者在迦勒登陸，旅行到庫拉迦拉（Kuragala）或吉蘭尼，接著往北朝貝里胡婁亞（Belihuloya）、波迦旺塔拉瓦（Bogawantalawa）、馬斯凱里耶（Maskeliya），最後抵達亞當峯。在《與伊本・巴圖塔一同登陸伊斯蘭邊陲》（*In Landfalls: On the Edge of Islam with Ibn Battuta*）一書裡，麥金塔—史密斯說，這條路線依然是朝聖者走的路，堪稱是古阿拉伯人朝聖路線的翻版。當我們為這觀點爭辯時，法魯克先生出乎意料地背誦了一段佛教徒攀登山峰時會吟唱的偈頌：

在訥巴達河（Narmada）的沙岸
在沙遮巴陀山（Saccabaddha）和

蘇瑪納山（Sumana）的頂峰
在希臘人（Yonakas）的土地
我俯首頂禮（膜拜）
（佛陀）的足印

法魯克先生很熟悉這首偈頌，因為他住在前往山峰的朝聖道路上，常聽到僧伽羅朝聖者一面爬山一面吟唱。那偈頌繼續描述佛陀在各地的足印，包括在希臘人的土地上或在麥加的足印。法魯克先生稱佛陀為Makkama Muni，意思是「麥加聖者」（the Sage of Mecca）[5]，佛陀的名稱之一，因為僧伽羅村民普遍認為佛陀造訪過麥加，也在那裡留下足印。聽到一名穆斯林男性吟唱偈頌，還談起他常和不同信仰的人成群結隊攀爬亞當峯，與此同時他卻坐在一間由傳教團接管的清真寺，而傳教團對於伊斯蘭教義傾向於採取嚴苛的詮釋，還真是個奇特的經驗。

5 作者註：亦見於加納納什・歐比西可（Gananath Obeyesekere）所著之《梅杜莎之髮》（*Medusa's Hair*），芝加哥大學出版社，一九八一年。

兩個小男孩來到洗禮池，開始儀式性的清洗。跟所有兒童一樣，他們相互潑水哈哈大笑，嬉嬉鬧鬧一派純真。當我們跟這兩位親切的理事道謝和告別時，一名紅鬍子的中年男人站在靠近我們的台階上，吸引我們的注意。他穿著短袖汗衫和格子紗籠，看似密切監視著我們剛才的談話。他示意我們走向神殿台階。我們遲疑著，隔著安全距離觀望，這時他從腰間囊袋取出一把大鑰匙，打開殿前格柵門。我們躊躇地往這位紅鬍子先生走去，他領著我們走下台階進入內殿。在這過程裡，我無意中聽見法魯克和圖安的談話，他們說自從傳教團接管這裡之後，已經有二十五年沒進到內殿裡來。那天肯定是個特別的日子。

台階通往鋪了綠磁磚的地板，地板上有個長方形土塚。這裡就是數百年前從不知名的遠方來的朝聖者們的埋骨之處。那棵大菩提樹就長在這一塊區域的中央，從天花板的裂口伸展出去。圈起這一塊區域的圍欄從一端到另一端垂掛著無數的綠布條和白布條。這裡不再有四十一個墓穴，只剩三或四個在那長方形土塚裡，其餘的地方被鋪上磁磚。如同其他的穆斯林聖堂，纏著一枚硬幣代表起誓的綠布條綁在圈起墓地的圍欄上，到處插著線香燃盡後的殘枝。在很多佛寺裡，把白布條綁在菩提樹上並燃香許願是再平常不過的事。這裡又是兩種信仰交融並蓄的另一個例證。四十一位朝聖者來到這裡，不知怎的失去性命。我們不知道他們如何丟失性命，也不知何時發生或為何如此，但某件事讓他們展開旅程前往遙遠的目的地，而且願意冒一切風險，縱使賠上性命也甘願。

山姆和蘇內菈同一天生日，我慫恿她到拉特納普勒來一起慶生。在珠穆朗瑪峰穆斯林旅館，坐在有裂痕的灰色大理石桌旁，我從袋子裡掏出兩個橘子蒸糕，可惜舟車勞頓有點被壓扁。我們點蜜露和茶。從袋子深層我又掏出兩根小蠟燭，把它們插入蒸糕中心，卡盧和米拉克也在場，我們唱起生日快樂歌。茶屋的臨時工和藍領員工起初很驚愕，後來倒是被逗樂，以平常心看待。我們五音不全地唱完之後，聽眾們竟鼓起掌來，朝我們這桌點頭祝賀生日快樂。山姆和蘇內菈感動地向他們欠身致意。

我們在巴朗戈達旅館（Balangoda Resthouse）過夜，要求服務生在寬闊的停車場擺設一張餐桌，好讓我們在清朗的夜空和繁星下吃晚餐。選項不多的菜單比不上巴圖塔的盛宴，我們點了麵食和咖哩雞，服務我們的侍者名叫雷蒙，模樣像頹廢的一九七零年代美國影星。正巧當地醫生那晚也在巴朗戈達旅館聚會，進進出出的汽車的車頭燈像百老匯劇場的聚光燈不時打在我們身上，亮得我們睜不開眼。最後我筋疲力盡倒頭在發臭的枕頭上時，聽到巴朗戈達醫藥協會的迪斯可派對，巴朗戈達的狗狗們也來湊熱鬧齊聲嚎叫，在一片嘈雜聲中，我一覺到天明。

我夢見我們出席伊本・巴圖塔的盛宴：拉塔基亞（Latakian）麵包、橄欖、醋和魚子醬；乳酪、粟米、加了碎肉的馬奶凝乳湯。接著是主食，有鴕鳥肉、瞪羚肉和葉門的野驢肉，搭配著用香蕉包起來烤的魚佐上用大布里士奶油煮的米飯。甜點是顏色像紅寶石的莫夕亞（Murcian）石榴和無花果和阿拉卡（Alaqa）來的杏仁。我們大口喝下巴薩（buza），這種發酵的白色粟米漿就是大家都知道的啤酒，伊本・巴圖塔認為是合法的飲料，雖然他不喜歡它的苦味。伊本・巴圖塔會大快朵頤的一頓饗宴！對我來說，只會在夢中出現。

17

吉蘭尼

在阿奢卡蘭賈（Atqalanja），阿布・阿布杜拉・賓・哈費夫（Shaikh Abu Abdullah bin Khafif）曾經在此度過冬天。

伊本・巴圖塔（胡賽因）

巴朗戈達就跟許多鄉鎮一樣，在最繁忙的交通路口設有一座鐘塔，我們和拉齊克．毛勒韋就約在那裡碰面。在赴約路上，我們經過一頭孤單的大象，牠的一根牙樁已破損。上了年紀的白鬍子象夫像帝王般坐在象背，身穿綠襯衫紅背心，頭綁藍頭巾，脖子掛著護身符，一手握著鐵杖，彷彿來自另一個年代。道路兩側正在開採的寶石礦坑也是，那景象看似千餘年來都沒有變過一樣。打赤膊的男人把紗籠下襬塞入腰帶，從地面挖的大坑洞內忽而俯身忽而挺立。數千年前，蘭卡的每一寸土地生產大塊的寶石，這些寶礦聲名遠播，甚至激發了辛巴達冒險故事。即便近到十八世紀晚期，走遍全島的哈夫納還遇見一名葡萄牙人聲稱在康提和普塔勒姆之間的山谷發現了寶礦，滿坑滿谷的紅寶石和其他貴寶石。然而在今天，要是哪裡挖出大顆藍寶石礦，都是稀罕的新聞話題。儘管是小規模的採礦，使用不會破壞環境的簡單手持工具，過度開採大紅寶石礦和藍寶石礦的情形很可能已經發生。

毛勒韋在電話裡邀我們到他府上喝茶，他還親自為我們帶路。在他夫人的親切張羅下，我們大口喝甜味清茶吃奶油蛋糕，聊起了蘭卡的聖人和聖堂。毛勒韋對於埋骨在潔妮絲清真寺的那些人有自己的看法，跟先前在拉特納普勒聽到的故事相比，有雷同之處也有相異之處，但他是個話不多的人，對賈巴魯斯．茂拉那的尤那尼身分有所懷疑。其他的事實都吻合——那個夢、四十一名朝聖者和那棵神奇的樹。見我對那個夢一臉狐疑，毛勒韋急忙跟我們保證，他也有過夢境在真實生活應驗的經歷。最近一次是他夢見吉蘭尼（Jailani）就快要葬送在民族主義份子手中。吉蘭尼目前的局勢已經登上全國各地方報的版面，毛勒韋不需要作夢也能預測吉蘭尼的未來。在夜間信息的加持下，他開始為期四十天的禱告，祈求天佑吉蘭尼。

最近幾年，穆斯林口中的吉蘭尼，也就是地圖上的庫拉迦拉（Kuragala），成了宗教衝突的熱點。穆斯林和佛教徒在此爭奪正當的所有權，在表面上以佛教為尊的情勢下，結局會朝哪個方向發展似乎很明朗。吉蘭尼是以蘇菲派密契主義者阿布杜・卡迪爾・吉蘭尼（Abdul Qadir Jailani）的名字命名，他是蘇菲支派奎德里道團（Qadiriya Sufi）的創始人，我的家族大部分屬於這一支。蘇菲派著重對自我的認識以及人神之間的交流，不管是透過知識的轉化、一道靈光，又或愛的狂喜獻祭都是。大抵是昔日的密契主義者和苦行僧，棄絕塵世，登上亞當峯朝聖，於是把伊斯蘭教帶到蘭卡島來。在七世紀到十世紀之間，這些人連同阿拉伯世界來的商人是最強力的宣教者，把新信仰引入亞洲。

在展開這一趟旅程之前，我並不知道在強硬的瓦哈比派（Wahhabi）和薩拉菲派

（Salafi）這兩股不受歡迎的勢力進入蘭卡之前，這島上的伊斯蘭教是以蘇菲主義信仰為主。我之所以毫無所悉是因為，小時候在我的穆斯林世界裡並沒有瓦哈比派或薩拉菲派。伊本・巴圖塔本身雖然不屬於蘇菲派，但他受到蘇菲派的靈性境界吸引。在小亞細亞孔亞（Konya）的魯米墓地，他讚嘆當地青年會（Young Brotherhood）的高尚舉止和殷勤好客，他們用水果和蜜餞款待賓客，飽食後便載歌載舞。他描述海達里（Haydari）的蘇菲行者把鐵環套在手上和耳朵以及身體其他部位，經驗到最極端的一種宗教狂喜。他在遊記裡大肆記述了世界各地的蘇菲行者。法坦（Fattan）住著一位古怪的長髮教長，名叫內沙布爾的穆罕默德（Muhammad of Nishapur），養了一頭獅子當寵物，而獅子最要好的朋友是一頭寵物瞪羚。孟加拉、安達魯西亞、撒馬爾罕、大布里士、孔亞、大呼羅珊和印度有很多蘇菲派信徒，伊本・巴圖塔樂得記載他們看似古怪的一種與神溝通的方式。

蘇菲派在當今的蘭卡依然很活躍，但行跡多少有點隱匿。近來在家族的一場婚前場合，我看到出身印度南部的一位蘇菲派頭目（mowlana）引起周遭人的注意。這位年輕頭目纏著頭巾穿長袍現身，長袍外還罩著一件刺繡斗篷。他以一種高雅手勢揮手，親切地向男性追隨者致謝與祝福。（我聽說他厭惡女性，就一位蘇菲派的人來說頗為怪異。）有的信眾會脫離聚會，朝他跪拜、親吻他的手，或朝他所在的方位俯首。主流的瓦哈比派和薩拉菲派愈來愈不跟蘇菲派打交道，於是現今的蘇菲派教徒比較少露面，而且在鄉下地區也深怕被騷擾、被攻擊或被貼上異端的標籤。

吉蘭尼的年度慶典繞著阿布杜・卡迪爾・吉蘭尼的傳奇展開，人們相信他來到亞當峯朝聖，後來在庫拉迦拉的一個洞窟內冥想十一年，最後神奇地消失無蹤。儘管真正記載阿布杜・卡迪爾・吉蘭尼來到此地的證據少之又少，但信仰和信念的力量不可小覷，多少年來穆斯林紛紛來到庫拉迦拉，而且為了紀念他把這地方改名為吉蘭尼，向這位蘇菲派密契主義者致敬。我們都知道，到了十八世紀，巖穴清真寺已經落成，荷蘭旅人揚・布蘭德斯（Jan Brandes）在一七八五年至一七八六年之間旅居本島時，把它畫了下來。伊本・巴圖塔則提到大師阿布・阿布杜拉・賓・哈費夫（Shaikh Abu Abdullah bin Khafif），後者在阿耆卡連吉（Athkalendjeh）村附近的山裡待了好幾個月。我的看法是，很可能是阿布・阿布杜拉・賓・哈費夫或從西亞來的另一位奎德里道團的穆斯林聖人，在那巖石上冥想，結果跟大師阿布杜・卡迪爾・吉蘭尼在蘭卡的神話牽扯在一起。阿耆卡連吉村很可能是阿塔卡蘭區（Attakalan Korale），根據毛勒韋的說法，正是吉蘭尼的所在。

利法伊（the Rifai）道團，一群雲遊四方的密契主義者或苦行僧，在年度慶典期間來到吉蘭尼，他們打鈴鼓，吟唱禱文，進入恍惚狀態，用生鏽未消毒的鈍刀、劍、扦子和釘子把自己割得、戳得渾身是傷。當他們的首領把焚香和唾液抹在傷口上，傷口便奇蹟似的癒合。伊本．巴圖塔頭一次遇見利法伊道團是在伊拉克。在利法伊（ar-Rifai）的墓地，他發現一座修道場，住了數千名蘇菲行者。他們帶來很多木柴，燃起熊熊大火，接著他們跳入大火中起舞，有些人在火裡翻滾，另有些人用嘴巴吃火，直到把火全部撲滅。這是阿瑪迪道團（Ahmadi）特有的習俗。他們當中有些人還會抓起蟒蛇來咬，把蛇頭咬下來（吉柏）。

伊本．巴圖塔後來旅行到馬爾地夫群島時，曾設宴款待一批已登上亞當峯朝聖，在返回波斯和阿拉伯的家鄉途中路過該群島的朝聖者。飽食之後，這些蘇菲行者開始他們例行的吟唱起舞。我已派人生起一堆火，他們於是跳進火裡，用腳踩火，有些人還吃起火來，像吃蜜餞一樣，直到把火撲滅（吉柏）。跟其他的蘇菲派道團一樣，利法伊也要隱世避靜四十五天，又稱為 Chelle，源自波斯文的 chchel 一字，意思是四十。避靜被視為一種向內的朝覲，或者說尋求個人的神聖體驗。伊本．巴圖塔造訪土耳其時，他看到魯米（Jalaludin Rumi）的學生們每星期四晚上鑽研他的著作《瑪斯納維》（*Mathnawi*）並潛心思索。我讀到那一段時，不禁想起我小時候，每到星期四晚上就會和姊姊以及堂兄弟姊妹齊聚在祖母房裡，背誦另一部蘇菲讚美詩〈拉提卜烏哈達〉（Ratib ul Haddad）。

吉蘭尼位於露出地表的岩層上。我第一次造訪那裡，是在節慶月與其他朝聖者一起踏在工整的淺石階跋涉上山。這一回我們驅車駛在鋪石小徑，抵達一處空地後，再徒步一小段距離。和上一回相比，這裡有一些變化。雖然大部分的非法建物已經清空，但我依舊看到一些東倒西歪的鐵皮小屋散布在入口處附近。一處高地上有個長方形建物標示著民眾安全部（Civil Security Department）前哨站。少了節慶的喧鬧歡騰，這地區有點冷清，只見稀稀落落的朝聖者分散在一兩個地方。毛勒韋好意的事先打過電話，請清真寺管理人里菲迪（Rifaideen）為我們導覽。里菲迪是個整潔體面討人喜歡的男子，有滿腹的故事可說。我們穿越園區朝一片大岩層走去，青山藍天和一望無際的翠綠映入眼簾。但里菲迪給這明媚風光添上一抹陰霾。他指出人民解放陣線（Janatha Vimukthi Peramuna，縮寫為JVP）流亡者在一九七一年的一條逃命路線；這同一條路線在一九八七年則被人民解放陣線用來攔路搶劫。他回想那段苦日子，嘖嘖喟嘆。我們走到一處觀景點，眺望著層巒疊峯中一片開闊稻田，里菲迪是個堅毅的人，他火速回神，念了一段晨間福音。這地方寧靜清幽，風景如畫，難怪吸引很多尋求靈性開悟的人前來。

我記得這裡有一座在巖穴打造的古雅清真寺，而今不復見。據傳阿布杜．卡迪爾．吉蘭尼冥想的洞窟位於上方更遠處。眼前是一小片岩質空地，盡頭是數百呎深的陡壁。一不小心踩空，就會墜入底下各種深淺不一的綠色與棕色之中。這冥想地點的另一頭是一條狹窄通道，吉蘭尼從那通道入內，據說也是他消失無蹤的地方。

吉蘭尼還有一個特色。原來亞當峯不是斯里蘭卡唯一一個有天然足印的地方。在吉蘭尼，還有一個足印踏在一顆岩石的底面！要想看這個足印，必須躺在岩石上，仰望它懸挑的部分。我第一次來的時候看過，這回我跟里菲迪問起那顛倒的足印時，得到壞消息。幾個尋寶的人為了挖掘寶藏在岩石下方生火，結果把足印給毀了。伊斯蘭的民間傳說充斥著世界各地的足印，伊本．巴圖塔興頭十足地看過好幾個，其中一個是在大馬士革的足印清真寺裡的摩西足跡。穆斯林世界裡過剩的足印包括了先知穆罕默德在耶路撒冷、大馬士革和麥地那的足印、夏娃在吉達的足印、亞伯拉罕在麥加的卡巴天房（Kaaba）附近的草鞋印，以及據傳在伊朗的伊瑪．阿里（Iman Ali）足印。旅行作家麥金塔–史密斯在阿曼看到了據傳是先知約伯（Job）的足印。匈牙利的東方學者阿明紐斯．范伯利（Arminius Vambery）甚至列出了聖足印地點名錄，包括設拉子、赫拉特（Herat）、西奈山和中國韃靼利亞。

里菲迪此時並不關心其他足印，只在乎眼前這一個。他站在被毀損的岩石旁邊，歷數各個僧伽羅民族主義團體的一長串褻瀆和冒犯行徑，該團體主張把這地方收歸佛門所有，一旦發現警方沒有力挺，便把警方扣上「僧伽羅穆斯林」的帽子。聽他這麼說，我想起不久前凡是同情泰米爾的人，都會被扣上「僧伽羅泰米爾」的帽子。世事多變，有些事到頭來卻依舊如初（Plus ça change, plus c'est la même chose）。

我們要離開時，民眾安全部的人員上前跟我們搭訕，他先是抱怨穆斯林的諸多不是，然後圓滑地要我們捐款。我轉身走開，到垂掛綠布幔的一座小寺焚香念頌禱文。這位已逝的朝聖者名叫阿米納（Aaminah），我覺得自己跟他滿投緣的，我的名字是他的名字的另一種拼法。我們離開之際，我看見里菲迪頭戴綠頭巾穿白衣袍一身禱告的盛裝。我知道他要開始祈福禱告。

走下台階之際，我的心思飄回到頭一次來這裡的光景，那是二零零五年在那岩石舉辦的坎多里節（kandoori）。我們高踞山頂入口，看見數百名朝聖者野營一個多月，祈禱讚頌聖人。入夜後，每棵樹掛著燈火，一名盲眼老婦吟唱讚美詩，到處都是人，不分男女老少，不論城裡或鄉下來的，無不攜老扶幼，齊聚在這裡禮讚阿布杜・卡迪爾・吉蘭尼。在夜裡我們觀賞苦行者（Bawas）在頭目帶領下進行利法伊拉提卜（Rifai ratib）儀式。每個苦行者手持鈴鼓，一面齊聲擊鼓一面吟唱禱文。一開始節奏徐緩，繼而逐漸加快速度，奔向恍惚狂亂的巔峰狀態，之後有些苦行者會用銹蝕的刀、扦子和銳利的尖物或割或刺穿身體，以極端的方式表達信仰和奉獻。

小時候家母說過，她兒時生了一場大病，病癒後舉辦過一場儀式來答謝神明。母親說，當時有一名男子頭頂上放一片薄板，連人帶板用劍劈成兩半，後來在祈禱的威力下那男子完好如初，聽到這裡我和姊姊都嚇呆了。這儀式叫做 vettikuthi ratib，從泰米爾文直譯過來意思是「切剮刺之歌」。在當今的年代這個儀式已變得罕見。穆斯林家庭不再進行這類對我來說猶如天方夜譚的儀式。

我在吉蘭尼頭一次觀看這儀式時，想起了母親說過的往事。那儀式繁複又漫長，那些畫面片段至今依然深深烙在我腦海。即便在觀看儀式當時，我心知不管僧伽羅佛教徒反對與否，這儀式已瀕臨消失。觀眾當中有些人對這儀式的宗教意義完全無感，純粹把它當成消遣娛樂，甚或當馬戲在看。那晚有觀眾對中央的演出者丟擲小石頭，但那些苦行者不為所動。直到翌日早上，我們再次造訪那些苦行者，才知道騷擾的舉動持續一整晚。他們的牛奶被偷了，午宴的食材也被瞎搞破壞。「瓦哈比派的人搞的，」他們冷靜地跟我們說。「他們不喜歡我們。他們認為這不是伊斯蘭。」

那次離開時，我深信自己會再回來觀賞這儀式很多次。實則我是為了尋索伊本·巴圖塔的行跡才又來到這裡，而吉蘭尼改變很大。三年後我聽說，吉蘭尼又變得更多。那地區在一九七零年代蓋的舍利子塔，如今有半數圍起鐵柵欄，裝飾著佛教幡旗，被賦予一種古色古香的氛圍。該區也開始供應水和電，並計畫在那地點豎立一尊佛像。我想像將來有一天佛教徒和穆斯林能夠禮讚共享那地點，但我心裡有個聲音說，我也許太樂觀了——對此我衷心希望我是錯的。

那天稍後我在杜維利瀑布（Duvili Ela）旁，也就是水霧溪（Dusty Creek）旁吃午餐時，思忖著里菲迪對伊本·巴圖塔的看法，跟我聽過的很多說法一樣充滿奇想又不準確。他認為伊本·巴圖塔來自俄羅斯，在漢班托塔（Hambantota）上岸，在前往亞當峯途中路過吉蘭尼。既然我們知道伊本·巴圖塔在普塔勒姆登陸，他更可能是登上聖峰之後在下山途中路過棟德勒（Dondra）或德維努瓦拉（Devi Nuwara）。里菲迪給我的最後一則資訊是，吉蘭尼山巖下的一棵樹具有魔力。伊本·巴圖塔也描述過一棵神奇的樹。在山腳下靠近山路的地方有棵柏樹，長得高聳而且從不落葉。說到樹葉，因為怎麼樣也無法取得，當地人於是對那樹葉萌生怪異荒謬的念頭。我看到一些裘吉人（Jogees）在樹下晃蕩，等著樹葉掉下來，他們認為吃了那樹葉就能返老還童（李氏）。

里菲迪說的那棵樹會不會是伊本．巴圖塔的長生不老樹？

18

藍雲河路線

山腳下有一座大湖，紅寶石就是從湖底挖掘出來的；湖水湛藍耀眼。

伊本・巴圖塔（吉柏）

從巴朗戈達，通往德維努瓦拉或棟德勒角（Dondra Head）的兩條主要道路大異其趣。一條迂迴曲折，又刮風刮得讓人受不了，它會經過拉克沃那（Rakwana）和蘇里亞肯迪（Suriyakande），在海伊斯—勞德岱爾路（Heyes-Lauderdale Road）附近轉個大彎後朝丹尼亞亞（Deniyaya）前進。另一條是繞行山腳的遠路。

我決定繞遠路。這條漢貝迦穆瓦路（Hambegamuwa）僅一線道寬，卻是美不勝收的鄉間小路。大部分路段傍著一條灌溉的潺潺小溪蜿蜒而行，參天古樹夾道，從葉隙篩落的綴影流光在水面舞動。把腳伸進沁涼的溪水裡歇息十五分鐘，任魚群輕咬著腳趾，猴群在一旁觀看，不管哪一種旅人都足以恢復精神。這短暫休息讓我想起伊本·巴圖塔逃離馬爾地夫群島後，曾在居民只有一個男人及其妻兒的一座小島停留。我們這位旅人看著這男人一家子過的日子、島上的幾棵香蕉樹、他的船還有小茅屋，生平頭一遭思忖著自己的決定對不對。伊本·巴圖塔寫道：我還真羨慕那個男人，真希望那座島屬於我，那麼我就可以在此隱居，直到死亡降臨（吉柏）。佇立在綠蔭下的小溪中，涼爽的微風習習吹來，除了小猴子嘰嘰喳喳和鳥兒啁啾，周遭一片寂靜，我可以體會伊本·巴圖塔的感受。但我也跟他一樣，繼續往前走。這裡明明白白是僧伽羅佛教徒的心臟地區，不見多元文化並蓄或宗教融合的跡象。也看不到神廟（kovil）、教堂或清真寺。

離烏魯波卡（Urubokka）還有幾公里，夕陽低懸天際，烏雲逐漸湧入[1]。這地區容易山崩，我擔心驟然豪雨會帶來災情。此外我還有另一層的顧慮。我很確定我已不在伊本・巴圖塔走過的路上，也就是說，我必須改走海伊斯—勞德岱爾路。

我們調頭駛回巴朗戈達繼而前往裴瑪杜拉（Pelmadulla）。途中有個路標寫著迪納瓦卡（Denawaka），叫我們興奮得顫抖。伊本・巴圖塔提過一個地名Dildineouh，起碼有一位學者認為他指的是迪納瓦卡。[2]我們在漁灣（Bay of Fish）附近零零散散的一些村落柯爾摩拉（Cormolah/Gilimale）、底傑柏—拉烏安（Djeber-raouan）、帝爾戴烏赫（Dildineouh）和阿奢卡連吉一連停留幾次（葛雷）。這條路把我們從裴瑪杜拉帶到卡哈瓦提（Kahawatte），就快到瑪丹培（Madampe）這小村子時，一切水落石出。一間藥局的牌匾揭露了名叫阿塔卡蘭—帕那（Atakalam-panna）的一個小鎮。難不成就是伊本・巴圖塔提到的阿奢卡連吉？在古時候，阿塔卡蘭—帕那是個稅收地區（Korale），退讓給溪谷之前的山中最後轄區。看來古代從亞當峯南下的朝聖路線極有可能就是這一條。

從拉克沃那一路上風光優美。放眼盡是茶園、森林和岩地。高聳的松樹、火焰木和合歡陰森森籠罩著夾雜闊葉樹的茶樹林。景色壯闊；遠遠的幾道雪白水練自峭壁上傾瀉而下。路邊一名男子從接到岩澗的管路汲水盥洗，這單純的村落即景讓我想到往日樸實的生活情趣。在我們這快速變遷的國家裡，這般情景已難得一見。

景色美不勝收。空氣透心涼，霧靄滾滾而來，彷彿有隻龍噴著鼻息。在濛濛細雨中一切變得陰涼而暗影幢幢，持續將近一整天。這裡是鳥兒天堂——甚至可以看到罕見的藍鵲。我不禁在想，伊本．巴圖塔肯定看到了形形色色奇妙的動物和花草，他有什麼感觸。從北非來的一名旅人，走過地中海、高加索、西非地區接著來到南亞，肯定對蒼翠繁茂的植被、蕨類植物和瀑布、巨樹、藍天、暴雨和酷熱一連串景象大為驚奇。他腦裡有過什麼想法？他有沒有盡情享用這一路上取之不絕的野生榴槤、肉豆蔻、肉桂和薑大飽口福？他有沒有著迷於燕雀、山椒鳥、野鴿和鷯鳴唱的小夜曲？伊本．巴圖塔下山時應該花了很多天行經這裡。雨林果然名不虛傳，彈珠大的雨滴磅礡的砸

---

1 作者註：亨利．玉爾（Henry Yule）在一八六六年哈克盧伊特學會（Hakluyt Society）出版的《東域紀程錄叢》（*Cathay and the way thither*）一書聲稱，伊本．巴圖塔行經達帕內隘口（Dapane pass）前往烏魯波卡，那裡的大溪谷是通往瑪塔拉的起點。

2 作者註：亞伯特．葛雷（Albert Gray）著，《伊本．巴圖塔在馬爾地夫群島和錫蘭》（*Ibn Batuta in Maldives and Ceylon*），皇家亞洲協會（Royal Asiatic Society）錫蘭分會出版，一八八二年。

下來。就連我們舒舒服服待在車裡安全無虞也是寸尺難移。我只能想像，要是伊本·巴圖塔在這種天氣裡往南部海岸走，應該會讓追隨他攀登聖峰的所有朝聖者大為寬慰。

我們再次行駛在通往烏魯波卡的寬廣道路上。木棉樹和棕櫚樹羅列兩側，貫穿連綿的溪谷和丘陵。到處可見迷人的瓦勞瓦（walauwa）小宅院，「卐」字樣的水泥浮雕嵌在前廊上方。在這一地區，「卐」字是個古老的宗教標誌，在印度哲學裡象徵神聖與靈性。它跟納粹符號的意義完全不同，在十九世紀和二十世紀之交建造的老房子經常可以看到。六點半一過，暮色驟然降臨，熱帶地區通常如此，入夜後我們抵達了在摩拉瓦卡（Morawaka）的歇腳處。

我們在朋友家過夜，他住在翻新過的一棟老式瓦勞瓦大宅，坐落在有機農場中央。朗傑（Ranjan）茹素，但他殷勤招待我們一頓有雞肉和魚肉的晚餐。我們盡情吃喝，能夠享用從他的菜園現採的有機蔬菜我非常開心。不過如果他是伊本·巴圖塔，他會堅守原則，縱使會顯得粗魯失禮。至少在三個場合裡，這位摩洛哥人拒絕吃肉，因為他不確定牲畜是否按照伊斯蘭教法規定屠宰。在印度，他拒吃鑲餡蜥蜴，因為他對料理方式持疑。在航向阿曼的船上，穆斯林水手們會捕捉海鳥並煮來吃，伊本・巴圖塔很不以為然，只吃椰棗乾和每天現撈炙烤的魚果腹，因為他知道水手們沒有按伊斯蘭教法規定宰殺海鳥。在另一個場合，他回絕一位遠東公主的盛宴，儘管與他同行的人，一概是穆斯林，全都赴宴。伊本・巴圖塔的辯解是，那位公主並非穆斯林，而他也無法確定供應的食物符合教法。事後這位公主下令召見他，並詢問他的出身。令人不解的是，伊本・巴圖塔謊稱自己來自印度，而不是摩洛哥。接著他有問必答，滿足了公主的好奇心，最後她親切有禮地賜給他白米、水牛、羊隻、蜜糖水，以及好幾口大甕裝滿生薑、胡椒、檸檬和芒果，全都為了海上航行鹽漬過。

伊本・巴圖塔對於出身的託辭很有意思。公民與國族概念是當代世界念茲在茲的一個主題。在印度旅行時，我經常為了圖方便假裝是印度人。有一回在瑞士，我被誤認為衣索比亞人，在美國我則屢屢被誤認為墨西哥人。年少時，這種被錯認的情況令我惱火，但現在我倒不介意。蘭卡內戰期間，我會穿各種族裔的服裝來測試安全檢查哨。我注意到，穿著泰米爾婦女常穿的波圖（pottu）時，被攔檢會被查問很多問題。執筆之際，斯里蘭卡以及全球穆斯林婦女因為特殊穿著受到關注。穿著無疑是認同的表徵，如同伊本・巴圖塔了解的，在情勢艱難之際讓自己受到矚目是不智的。我們知道至少有一回他沒作摩洛哥人打扮。他告訴我們，在中國時他打扮成伊拉克人。他有個人的考量，並沒有向讀者透露，不過他的誠實倒是表露無遺。

家母每年總會把標記著穆斯林祈禱日的年曆掛在住屋的遊廊。年曆上方總印著一座漂亮的純白清真寺，以及寺前的一大片綠地。這麼多年來我不知道這座清真寺的名字，然而當我看到阿古勒沙（Akuressa）的波盧瓦（Poruwa）清真寺，我一眼就認了出來。這座清真寺就蓋在尼瓦拉（Nilwala）河或者說藍雲河畔，恰恰就在從南邊攀登亞當峯的古代朝聖路線上。

在一個小交叉路口，一位穿著整潔的矮個子男子戴著厚眼鏡，拎著公事包，站在公車站旁，為我們指點往波盧瓦清真寺的方向。我們用泰米爾話交談。後來我們發現，他是僧伽羅的婚姻仲介，專為那一帶的僧伽羅人和穆斯林人牽紅線，所以他會說這兩種語言。他怎麼會專門幫穆斯林人說媒？他的答案很簡單，他認識各個偏遠村落裡的人，每當他前往某一村，總有穆斯林家庭問他另一村有沒有合適的對象當媳婦或女婿。

我們跟他道謝後便一路開車，直到巍峨的一座白綠相間的清真寺聳現眼前。跟年曆上的照片一模一樣，波盧瓦清真寺前果然有一大片草坪，兩側的建物上方各有一個胖胖的圓頂。埋骨於此的聖人賽義德·撒達·發克爾·穆希玉迪恩·阿布杜·卡迪爾·吉蘭尼（Seyed Sadat Fakir Muyideen Abdul Qadir Jailani），或者說來自巴格達的達爾威須·穆希玉迪恩（Darwesh Muhiyudeen），據傳在公元八百年抵達此處攀登亞當峯，之後他在吉蘭尼冥想修行十二年。我耳朵豎了起來。我不是才在吉蘭尼聽到這個故事？

一位聖人模樣的白鬍老人，一身伊拉克阿拉伯人打扮，戴紅格子頭巾，盡可能地為我們說明。他時而在一面柵欄窗後對我解說，時而為在另一面柵欄窗前排隊一一向他低聲訴苦的穆斯林婦女降福。看著他祝福那些婦人，我更希望看到這位穆哈梅德·茂蘇夫（Mohamed Mausoof）打扮成摩爾老人，而不是這一身假冒阿拉伯人的裝束。

從中世紀文獻看來，蘭卡不同的族裔顯然各有其服飾型態。穆斯林男人穿康柏伊長袍（comboy），或者下半身束著刺繡腰帶的精美華服。他們頭上纏著最精緻頭巾，戴著鑲嵌滿滿珠寶、垂至肩膀的耳飾。[3]僧伽羅人穿的是貼著身體包纏翻折的一整塊沒有縫線的布。[4]七世紀的中國人描繪蘭卡人穿著寬袍，稱之為庫珮（koo pei）。後來殖民時期文獻也描述僧伽羅人穿一種康柏伊長袍，僧伽羅話叫作kambaya。[5]當時中國人認為蘭卡的北方人和南方人長得不一樣，一份中國文獻描述南方人有一雙大耳、狹長眼睛、紫紅的臉、黝黑的身體和濕潤強壯的手腳，而且男男女女蓄一頭及背長髮，也都活到百歲以上。

中國人的描述不止於此，接著談到了孩童都理光頭，小女孩穿有珠寶裝飾的外罩。王公貴族穿「雲紗」製成的衣服，很可能是非常細緻的透光布料（很像康提酋長穿的褲子，如今只有康提新郎才穿），有身分地位的人會戴耳飾，而僧伽羅人用半圓形的玳瑁梳來固定綁在額頭上的烏黑髮結。[6]數百年後，摩爾人在理光的頭上戴帽子，腰間纏著精美的厚織巾。他們把裝有藍寶石、紅寶石、紫晶、紅玉、祖母綠、貓眼石、月光石的珠寶盒藏在織巾內。有興趣的買家靠近時，便迅速掏出珠寶盒，秀出琳瑯滿目的璀璨珠寶。[7]

阿布杜·卡迪爾·吉蘭尼是這些地區的代表性聖人。馬爾地夫群島的一則傳說提到阿布杜·卡迪爾·吉蘭尼從馬拉巴島徒步跨海抵達馬列（Male），把一個淘氣的神怪捉到罐子裡，再把罐子仍到迦勒外海！[8]我從小到大參加過不知多少回用禱告和吟唱紀念這位聖人的繁複儀式。這些儀式會用到香水、鮮花和香焚，一進行就是兩小時。參與禱告的主要是女性，而她們的男人像是我父親和叔伯們，則會在午餐時現身，大伙圍坐在蘆葦席上，席中央擺了裝食物的幾個大盤子，大家一起分食。

由於阿布杜．卡迪爾．吉蘭尼和這座島的傳奇淵源，他的後代子孫只要來到這裡前往亞當峯朝聖，都會受到同樣的敬重。根據那位穿長袍的和藹老人，埋骨在此的聖人達爾威須．穆希玉迪恩，是阿布杜．卡迪爾．吉蘭尼的第十一代子孫。同樣的，我們聽說十九世紀住在迦勒的兩個穆斯林作了個神奇的夢，然後才發現這個埋葬地點，

---

3 作者註：杜阿爾特．巴爾薩（Duarte Barbosa），《印度洋周圍國家及其住民概述》（*An Account of the countries bordering on the Indian Ocean and their inhabitants*），一五一八年，哈克盧伊特學會（Hakluyt Society）於一九二一年重新出版。

4 田內特，《錫蘭島概述》，一八六〇年。

5 作者註：里察．波義耳（Richard Boyle），〈從服裝看歷史〉（An Attire with a History），《薩蘭迪布》（*Serendib*），二〇一八年一月。

6 作者註：田內特，《錫蘭島概述》。

7 作者註：同上。

8 作者註：提姆．麥金塔－史密斯（Tim Mackintosh-Smith），《跟著伊本．巴圖塔一同登陸伊斯蘭邊陲》（*Landfalls: On the edge of Islam with Ibn Battutah*），約翰墨瑞（John Murray）出版社，二〇一〇年。

事後這裡蓋了一座聖堂。先前的十位聖人，儘管他們的姓名與宗譜都清楚可考，他們的聖堂葬送在人們薄弱的記憶裡。他們失落在時間羅網裡。

剛被降福的另一群婦女離開了聖堂。穆哈梅德．茂蘇夫語帶驕傲告訴我，蘭卡的所有社群都捐款給這座清真寺祈福。他開示我說，伊本．巴圖塔是印度來的朝聖者，經由馬爾地夫群島來到可倫坡，繼而前往哈坦再上山，從拉特納普勒路線下山，接著南下到阿古勒沙造訪這座清真寺。我不想說出伊本．巴圖塔的真正路線讓這位老人失望，我客氣地向他道謝後便離開。名叫法齊（Fauzi）的一名郵局員工聽到我的談話，自豪地跟我說，幾年前一些政治人物蒞臨清真寺慶典的開幕巡遊時遭遇炸彈攻擊，結果沒有孩童傷亡，清真寺也躲過一劫。事實上有十四人死亡，幾名政治人物受傷。跟伊本．巴圖塔的風格很像，法齊的故事幻想居多，他告訴我，他們看見一名天使庇護孩童和清真寺。我並非不相信奇蹟，一面思忖著這樁奇事一面走出清真寺。此時週五主麻日禱告的呼拜聲響起，各色裝束的老老少少紛紛走向清真寺。我心深處知道，所有人將不分貧富貴賤並肩同在，與神融為一體。

從清真寺看不到那條河，但距離河很近。河水看起來受到汙染，水勢緩慢。我不禁異想天開，伊本．巴圖塔看到的就是這條河，他形容河水是湛藍的。我注意到有隻鱷魚懶洋洋地在遠處的岸邊觀看著，這表示你不可能安心地跳進河裡沐浴。

我們驅車經過休耕的稻田，哐哐唧唧越過一座古老鐵橋，這是自德拉尼耶加拉以來的第一座橋。一過河便放緩車速，因為前方來了村裡一列的送葬隊伍。幾個筒鼓手肅穆地走在前面，單獨一名長笛手跟在後頭吹著哀戚曲調。一群村民在路邊拋出潔淨無瑕的白布，讓送葬隊伍從上面走過。棺木由八名抬棺人扛在肩上，籠罩在一把白傘下，村民把白布收回來繼而在送葬隊伍抵達前再拋出去的過程進行得有條不紊，時間掌握得恰到好處。一群哀悼者有男有女身穿素衣，默默地走在後頭。

伊本・巴圖塔很愛記錄葬禮。他描寫過在大馬士革、伊朗和印度看過的葬禮，並相互比較，讚賞他喜歡的。在大馬士革，他看到一群人走在棺材前面念誦可蘭經，把棺木送到墓地之前，他們會先在大教堂清真寺為死者禱告。在伊朗，伊本・巴圖塔說，棺材的前後都燃起火炬，橫笛手和歌手跟在棺木後頭，這些人快活歡唱的模樣令他吃驚。蘇菲派的魯米為摯友薩拉（Salah）舉行葬禮時顯然有管樂器手、銅鼓手、歌手和吟誦者在場伴奏唱和，而且一路跳著迴旋舞直到抵達墓園。在印度，伊本・巴圖塔說，喪葬之後的在地習俗格外令他印象深刻。在亡者入土之後的第三天，悼念者齊聚在墓地，把華美布匹鋪在墓的周圍，再把芬芳撲鼻的花朵——玫瑰、薔薇、茉莉——擺在上面，墳墓旁則插滿檸檬枝和柑橘枝。接著眾人聆聽伊斯蘭導師致詞，讚美和悼念亡者，然後一起念誦可蘭經，並相互安慰。

雖然伊本．巴圖塔並沒有描寫蘭卡的葬禮，九世紀一份關於某部落頭目葬禮的紀錄則令人震撼又詳實。頭目的遺體擺放在低矮車架上，他的頭顱低垂，他的長髮拂過地面。當馬車緩緩被拖曳，一名婦人拿著一束葉子揮走他五官上的灰塵，哭泣道：「眾生啊，看看你們的王，昨日他的旨意還是律法！今日他告別人世，死亡天使已奪走他的靈魂。從此不再被虛幻的生之歡愉矇騙！」[9]這段文字呼應了「姆薩魯曼」（Musalman）[10]的精神，他們相信來世的報償比塵世的更優渥。根據蘇萊曼（Soleyman），這停靈儀式持續三天，之後遺體會放在檀香、樟腦和香木構成的柴堆上進行火葬，燒成灰後隨風飄散。國王的遺孀有時候也要隨同他的遺物一起火葬，但這不是強制的。我從未在蘭卡傳說裡聽過陪葬，也從未在蘭卡文獻裡讀到過，因此對於蘇萊曼在蘭卡看過的陪葬儀式，我是持疑的。它比較可能在印度發生。

當今蘭卡的穆斯林社群處在不斷的變動中，對於喪禮如何進行的意見紛雜。有些穆斯林延續先祖的做法，為所愛的人進行一連四十天的喪禮禱告。也有人把任何形式的禱告一概廢除。穆斯林婦女不會在喪禮現身，但事後會前往墓地弔祭，但話說回來，也只有在對女性友善的墓園才可行。在蘭卡的所有摩爾人有個普遍一致的習俗。喪葬的禮數很簡單。沒有棺木，慣常地洗淨之後，遺體只用白布包裹起來，至親家人把玫瑰油或油性香水撒在遺體上。在死亡的二十四小時內，遺體被帶到穆斯林墓園，為亡者禱告後，用蘆葦席把遺體包覆起來，輕輕放入墓坑，再撒上更多的香精。象徵性地把一小土塊放在亡者的臉頰上，然後把木板置於墓坑側邊，一片蓋在遺體上，再用土整個覆蓋起來，最後在新墳上撒滿茉莉花。這個做法數百年來從沒改變過。我相信，摩爾人是保留了這片土地上原始葬儀的唯一社群。

9 作者註：蘇萊曼（Soleyman）引述自田內特的《錫蘭島概述》。

10 譯註：印度對於穆斯林的稱呼。

19

五百名舞姬和一千名教士

這城裡有一座大廟供奉名叫德納瓦（Dinawar）的一尊偶像，廟裡住著一千名婆羅門和瑜伽行者，約有五百名異教徒的女兒每天夜晚在偶像前載歌載舞。偶像本身是金子打造的，與真人等身，臉上嵌著兩顆碩大的紅寶石眼睛，聽說在夜裡那雙眼像燈火一樣綻放光芒。

伊本・巴圖塔（吉柏）

馬塔拉（Matara）城的驚奇之一，是以伊本·巴圖塔命名的一條街道，這位十四世紀摩洛哥旅人在此地依然被紀念和景仰的一個跡象。德維努瓦拉，或者殖民時期的名稱為棟德拉角，位於馬塔拉南方幾公里處，以國內最巍峨龐大的印度寺廟聞名。從海岸往內陸延伸一公里，這座廟供俸的主神，是印度教徒皆知的特納瓦賴-納耶納爾（Thenavarai Nayanar）神，或僧伽羅人皆知的烏普凡（Upulvan）。一五五四年葡萄牙人摧毀了這寺廟，目前這座廟是十七世紀的國王拉賈辛哈二世（King Rajasingha II）在原地重建的。

伊本·巴圖塔把那座城叫做德納瓦，他是用主神的名字特納瓦賴（Thenavarai）來稱呼。有阿利亞·查克拉瓦提派遣的婆羅門和瑜伽士的解說，伊本·巴圖塔自然知道這城和寺廟的泰米爾名稱。鄭和在一四零九年帶到這島上的三語碑，表達了對神明特納瓦賴—納耶納爾的敬仰。部分的泰米爾碑文已被解讀出來，如下：「……中國天子，萬王之王，似滿月清輝，久聞楞迦王國特納瓦賴—納耶納爾神的名聲，遣使奉納供物。接著詳細列出供物內容，包括了金銀、紵絲、檀香、恩膏油、銅香爐、銅花瓶、放香木的鎏金盒、蠟燭和木雕蓮花。」[1]

1 帕拉納維塔納（S. Paranavitana）著，《斯里蘭卡碑銘學》（*Epigrafia Zeylanica*）卷三，一九三三年。

雖然對特納瓦賴所知不多，但我們有一些關於烏普凡的資訊。祂是藍睡蓮色的神，我國的四大守護神之一，其餘三者為沙摩、那陀（Natha）、迦多羅伽摩（Kataragama）。烏普凡的由來和沙摩的很雷同。根據一些人的說法，對於烏普凡的膜拜始於中世紀，後來烏普凡轉化為毗濕奴神。在地傳說認為，佛陀指派烏普凡來守護蘭卡和「佛陀教法」(Buddha Sasana)。根據《島史》（*Dipavamsa*）和《大史》（*Mahavamsa*），毗闍耶（Vijaya）帶著七百名追隨者來到這裡，受到烏普凡的保佑。因此中世紀幾部史詩裡描繪烏普凡神廟香火鼎盛也就不足為奇了，八部史詩裡有四部提到祂的名字（《孔雀〔Mayura〕史詩》、《提薩拉〔Tisara〕史詩》、《鴿子〔Parevi〕史詩》和《瞿翅羅鳥〔Kokila〕史詩》，前二者在十四世紀甘波羅王國時期，後兩者在十五世紀科提王國時期）。

而今你會看到一座不尋常的藍色建物，位於靠近大馬路的沙地上，有花崗岩石雕柱和拱門。一公里外，靠近海灘的地方有座小廟，普拉納辛格撒納廟（Purana Singhasana Devale）。兩處合起來就是一般認為的原始寺廟的總長度。

要了解伊本·巴圖塔說的廟裡有五百位舞姬的概念，你必須把《孔雀史詩》找來讀一讀，裡面有生動的描述。一大群少女，腳踝、手腕和耳朵戴著大量的珠寶飾物，狂熱邁出曼妙醉人的舞步。她們手比蓮花指，雙乳晃蕩，載歌且舞，前來敬拜神明的信眾無不心馳神迷。後來殖民時期對這些寺廟舞姬（devadasis）的描述則語帶辛酸。「她們身穿鑲金邊的緋紅紗麗，棉絨的短外罩和橘色絲襪，戴著沉甸甸銀腳鐲和金手鐲，耳鼻之間懸著鐘形垂飾。頭髮以金飾編成辮子，舞姿緩慢而莊嚴。在樂師伴奏下，她們捧著小油燈魚貫步入廟內，就此展開敬神的舞蹈。」[2]寺廟舞姬是濕婆廟（Saivite）少不了的一部分，因為這些少女被視為嫁給神明。也許烏普凡和濕婆（Shiva）有些淵源。

改頭換面的烏普凡廟現在供俸毗濕奴。在圍繞藍色廟宇的廣大沙地裡，有個錫皮小亭子在一段距離外，由兩名紳士看管。他們似乎和廟方有些關係。吉加納吉（Geeganage）先生和他的朋友熟知伊本・巴圖塔的一切，和我在別的城裡跟清真寺掌權者的交談很不一樣。他們從櫃檯下炫耀地取出一本僧伽羅文出版物，裡面提及名叫伊本・巴圖塔的旅人在蘭卡待了兩年。書裡寫的讓他們意猶未盡，於是他們開始詳細敘述伊本・巴圖塔的行蹤。他們告訴我，伊本・巴圖塔是一名船長，很久以前來到這

2 作者註：愛德華・卡本特（Edward Carpenter），《從亞當峯到象岩》（*Peak to Elephanta: Sketches in Ceylon and India*），一八九二年，亞洲教育協會，一九九九年再版。

裡是為了到亞當峯朝聖。吉加納吉先生跟友人問起伊本．巴圖塔的國籍，他的敘述暫且中斷。我始終站在那裡默默聆聽。細數過一些阿拉伯國家後，他們最後一致認為他是印度人。伊本．巴圖塔來參訪這座廟，但沒有入內，因為他是穆斯林，入內違反他的信仰。所以他站在外面往裡頭瞧了瞧。他們倆從那座亭子往廟的方向探了探，表現給我看伊本．巴圖塔張望的模樣。於是，他們說，他看到了真人大小的神像，其紅寶石眼睛在夜裡像燈火一樣發出光芒。

若非吉加納吉先生提起，我沒想過伊本．巴圖塔沒進到廟裡來，但他們的想法也有道理。伊本．巴圖塔造訪伊斯坦堡時，表示他希望進到阿亞蘇菲亞大教堂（Aya Sophia Church）參觀，也就是今天眾所周知的聖索菲亞大教堂（Hagia Sophia）。他跟國王的父親同行，進到教堂的神聖圍場，卻被告知，進到教堂裡的人都必須拜倒在大十字架前，結果伊本．巴圖塔選擇不進去。有鑑於此，伊本．巴圖塔對於德維努瓦拉寺廟的描述，並沒有明確告訴我們他有沒有進去。偶像本身是金子打造的，與真人等身，臉上嵌著兩顆碩大的紅寶石眼睛，聽說在夜裡那雙眼像燈火一樣綻放光芒（吉柏）。這可能暗示著，他是在白天看到神像，或者，這整段描述是道聽塗說。除了描寫這座廟和神像，伊本．巴圖塔堅稱這寺廟的收入來自城裡。這座城及其所有捐款的總收入都歸這神明所有，用來供應膳食給住在廟裡的人以及入廟參拜的人（吉柏）。

除了伊本．巴圖塔描述過這尊神像，十七世紀康提王國時期的《孔雀史詩》進一步描寫這神像戴著鑲嵌繁複寶石的黃金冠冕。一條金飾帶圍著神像藍睡蓮膚色的前額，祂的目光慈祥。這部史詩描述祂戴著酷似太陽星體的紅色耳飾，並沒有紅寶石眼睛。說不定伊本．巴圖塔把耳飾看成神像的眼睛。關於神像的最後一篇敘述可以在十七世紀找到，幾乎是這座廟被摧毀的一百年後。這篇記述談到這座廟充當燈塔指引船舶靠岸，主神明是個頂天立地的男子，一隻手高舉一把利劍。[3]每一篇描述都為這位蘭卡島的守護神形象添加了細節。

吉加納吉先生的先祖在這寺廟負責樂曲，因此他的姓氏吉加納吉的意涵是「吟唱者」，不過他沒有繼承先人衣缽，反倒從軍去了，在軍中也沒加入軍樂隊。從軍中退休後，他回到這裡，他的老家。他在廟裡也沒有擔任專責的吟唱者。事實上沒有人擔任這個角色，這項傳統已經被廢除，不過為了討我開心，他吟唱了一首描寫國王達普魯森二世（King Dapulusen II）的優美演述（kavi）。我離開前，他送給我一則臨別故

3 作者註：布羅伊爾（R.L. Brohier）和范儂格雷尼耶出版社（Vernon Grenier）（編輯群），《巴爾達烏斯筆下的錫蘭島》（*Baldaeus' description of the grand island of Ceylon*），一九五七年。

事。他告訴我，從前這城裡有很多異國商人，但穆斯林商人不被允許住在城裡，因為他們被詛咒。話說廟內神像的筆直目光，曾經挑動了兩位穆斯林工匠的宗教敏感神經，於是這兩人潛入廟裡，往神像底座斜砍一刀，讓神像向下俯視，再無法向前直視。最後他們被驅逐出城作為懲罰，所以今天沒有穆斯林住在這城內。縱使穆斯林住到城裡，不知何故也會傾家蕩產，最後只好遠走他鄉。我從沒聽過這個詛咒或制裁，但我只是點點頭，接受了吉加納吉先生鄭重的言論。以下僅供參考：二零一二年該城的人口普查顯示，確實有一小群穆斯林（六百六十三人）住在那裡。

當今的這座廟是寒酸的重建物，看不出昔日的輝煌壯麗。兩隻大象被栓在遠處，抱著嬰孩前來祈福的信眾拎著水果籃當作供品，緩緩穿越亮黃色的華麗大拱廊，進到裝飾著毗濕奴古往今來各種化身的肖像、藍得可怕的建物裡。朝向海岸遠端的一條街上，兩側雜混著各種屋樓——荷蘭式、現代的、殖民時期的、五零年代和七零年代的建物——，有一座僧伽羅小廟。廟前豎立著幾根古石柱，柱上裝飾著硬紙板做的兩隻俗麗孔雀，中間拉出一條橫幅，大肆宣傳這寺廟昔日的縱深有多長。伊本・巴圖塔在將近八百年前看到的宏偉寺廟如今淪為這副模樣？

已經是午餐時間，我們走到附近的燈塔，在蔚藍大海旁野餐。高聳的白色建物坐落在一小片椰子林中間。燈塔管理人的助理坐在椅子上打盹，對歷史沒有興趣。他搞不懂為什麼有很多中國觀光客陸續來到這裡尋找某個石碑，他茫然地說。石碑刻著漢文，是在這海岸發現的。我知道他說的是什麼，便試著解釋給他聽，但他對鄭和沒興趣，也對三語碑無感，轉身走回他的哨所繼續被我打斷的瞌睡。

我在一棵椰子樹下享用露天的午餐，一壺南方凝乳配上馬塔拉椰子糖蜜。伊本．巴圖塔在馬爾地夫群島看到椰子糖蜜的製作方式。說來奇怪，椰子糖蜜在今天斯里蘭卡的產製方式和他在好幾個世紀前所描述的無二致。椰子蜜的做法如下，他們把結了椰果的莖枝砍斷，莖枝要預留兩指長，在上面綁一只小碗，讓樹汁滴到碗裡。倘若是早上進行這道手續，那麼晚上再派人帶著兩口碗爬上樹去，其中一口碗盛滿水。把收集到的汁液倒入另一口碗，接著清洗一下莖枝，再稍微砍掉一小截，然後把另一口碗綁上去。隔天早上重複一遍這道手續。如此這般收集到大量汁液後，把汁液煮到濃稠，就是很優質的蜜。印度、葉門和中國商人買下椰子蜜並帶回自己的國家，再用它產製蜜餞（吉柏）。當我把碗裡的最後一滴凝乳和糖蜜刮乾淨，我心想，真可惜，伊本．巴圖塔從沒吃過這種組合。依我看，這是甜點中的極品。

伊本．巴圖塔沒提到他去過馬塔拉，但是他從德維努瓦拉到迦勒的途中肯定會經過那裡。馬塔拉也是海岸堡壘，就如同迦勒、可倫坡、賈夫納、凱匹提耶（Kalpitiya）、巴提卡勞（Batticaloa）、亭可馬里和馬納島。連同城裡的住宅堡壘，小小的荷蘭星堡（Dutch Star Fort）是唯一的明顯跡象，顯示出殖民時期過往歲月。當巴爾達烏斯（Baldaeus）[4]來到馬塔拉，他描述這座城是被獵捕的大象的集散地，大象在此地被馴服後，拍賣給從孟加拉、科羅曼德爾海岸來的摩爾人，繼而再轉售到世上其他地方。

從馬塔拉橋上望去，可見一座醒目的白色清真寺，坐落在城中央的尼瓦拉（Nilwala）河畔。山姆和我走近時，一大群男人在中庭。我們立刻被好打聽又愛追根究底的男性理事們團團圍住。很快地伊瑪目也加了進來。他聲稱這座清真寺有七百年歷史。一面綠白相間的旗子插在河中央，顯示即將舉辦一場慶典。一名男子手指向一則告示，其昭告再過幾週清真寺慶典就要展開。這是親奎德里道團的清真寺，但沒有聖人埋骨於此。沒有聖人，就沒有美妙的故事，我很快失去興致。山姆照例想多待一會兒拍一些照片。站在台階上，我看得出來，儘管是老建築，磁磚和玻璃已經侵襲此處。地板鋪的純白磁磚如白沫蔓延。

我跟這群圍觀者問起聞名的馬塔拉聖人葉海亞（Sheikh Yehya）。我父系的先祖據說是這位聖人的後代，而我這臨時的詢問引起一陣熱烈的點頭和迴響。他們告訴我，哈吉·阿帕（Hajji Appa）是他的俗稱。得知我跟這聖人有淵源，那伊瑪目，續短鬍穿長袍戴白色頭蓋帽，尖刻地說我看起來不像是聖人家族出身的。我穿卡其褲和參加賞鳥大賽送的T恤，頭上包著粉紅和藍色相間的薄紗頭巾，在他看來肯定怪模怪樣。我決定拐個彎回應，於是笑著問他，怎麼說呢？你認為我應該改變一下？我覺得自己這個樣子挺不錯的。圍觀者大笑，伊瑪目也決定拿出風度來，破顏微笑。一名好看的年輕人告訴我聖祠的方向。離開時他告訴我，他也是那位聖人的子孫。

我們依指示尋找葉海亞街。轉入一條老舊平房夾道的支路，迎面走來一群穿白長袍頭戴白色頭蓋帽、吵吵鬧鬧的小男生。前頭的一名小男生拿著足球，另一名拿著羽毛球拍。他們似乎忘了他們該有的樣子。然後我們迷路了。無意間瞥見一棟荷蘭老屋，於是我下車問路，但屋裡沒人。正當我無助地站在屋前的遊廊，一名騎著滑步車、一身水泥白塵的男子停下來，一隻腳踩在踏板上，另一隻腳踏在馬路上，問我是不是需要幫忙。結果他曉得我要去的地方，只是他上班遲到了。我看到他臉上掠過進退兩難

4 譯註：一六三二—一六七二年，荷蘭牧師，全名是菲利普斯·巴爾達烏斯（Philippus Baldaeus）。隨荷蘭軍隊前往賈夫納。

的神情。停頓了一下子之後，他決定帶我們去聖人的安息處。那裡不遠，就在下一條街。他手指向一座大清真寺和經學院的場區，隨即快步離開。

與清真寺並排的綠白色低矮建物看起來很有希望，但它被柵欄圍了起來並上鎖。一面告示寫著女士止步。我環顧四周，走向聖祠一側一間古雅簡樸的房屋。我敲了門，幾分鐘後一名鬍子刮得乾乾淨淨，一頭整潔灰髮的中年男子現身。他沒多說什麼，彷彿經常有陌生女子敲他的門似的，他開了聖祠的門。山姆入內，我恭敬地待在外面跟他說話，自我介紹並說明來意。傑佛瑞也是這位聖人的後代，他不知道伊本·巴圖塔，但他告訴我葉海亞聖人沒有男丁，所有後代都來自他的女兒，如同伊斯蘭先知穆罕默德一樣。既然如此，他們對待女性如此的不友善還真是奇怪！當我跟傑佛瑞說我也是另一個可能的後代，他快速進到聖祠內，帶了一本手寫的禱告書出來，那禱告書曾經屬於葉海亞。禱告書裡的字跡非常漂亮，保存得非常好。對聖人短暫地虔敬禱告後，我們離開聖祠，我注意到清真寺的外面有另一個墓。傑佛瑞說那是葉海亞的女婿的墓。我納悶著是否一家人都能封聖。當時我還不知道，但後來在貝魯威拉和可倫坡我發現更多有親戚關係的聖人。

我們感謝傑佛瑞的熱心幫忙，往外走時瞥見哈拉拉（halara）儀式——蘇菲派夏齊里（Shazili）導團在大清真寺內舉行「讚誦」（Zikr）儀式。哈拉拉儀式慶祝的是十二世紀摩洛哥伊瑪目夏齊里的一生及其教誨。山姆和我隔著門偷偷觀賞，看得入迷。一大群男人靠牆站著，隨著在中央跳著迴旋舞的首領領頭吟誦。這過程深具催眠效果，我當下也看得如痴如醉，心裡湧上一股難以言喻的感覺，覺得伊本・巴圖塔也跟我們一同站在那裡觀賞。

在當代世界，很多人熟知孔亞的偉大的蘇菲派聖人魯米的詩，但在我小時候的伊斯蘭世界，我從沒聽過魯米也沒聽過蘇菲派，儘管我現在明白我們實踐的是伊斯蘭教蘇菲派。跟其他很多國家一樣，我相信傳到這個島上而且實踐了好幾代的伊斯蘭教正是伊斯蘭的蘇菲派。離開那魔幻的吟誦，我走進繁忙、擁擠又嘈雜的街頭。時至今日，馬塔拉看起來只是個不起眼的大城。很少人知道，在這城的深處，古老的蘇菲儀式依舊歷久不墜。

20

卡里

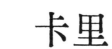

我們啟程前往卡里城，距離德納瓦六帕勒桑（parasangs）[1]。那裡有位穆薩魯人（Musalman）[2]，人們管他叫易卜拉辛船長，在他屋裡款待我們。

伊本・巴圖塔（葛雷）

驅車往西沿著海岸行駛，那漂亮的風景就像印在月曆的各種觀光照片——高蹺漁夫（他們由政府官員指派，坐在插在海裡的木樁上釣魚，再跳下來對拍照的人索取費用）、瓦勒迦瑪（Waligama）的塔普拉班島（Taprobane island）——（作風古怪的德穆尼伯爵〔Count de Mauny〕在二十世紀早期在此定居，他曾為我祖母的房宅慕塔芝・瑪哈設計庭園和家具），還有卡特琳娜飛艇（Catalina plane）[3]，停在科加拉（Koggaala）的軍事基地（曾執行往返科加拉〔Koggala〕到伯斯〔Perth〕之間，世上最長時間的飛行任務）。

在迦勒郊區的馬迦拉（Magalla），就在馬路的轉彎處，有一座亮黃色清真寺坐落在馬路邊。我一時興起，停車入內瞧一瞧，只見大門邊堆了幾堆神祕紙幣和銅幣。再過幾星期坎多里節慶（kandoori）就要展開，奉獻箱裡的錢已經被倒了出來。兩名戴

1 譯註：伊朗古代步行距離單位，約十八英里。

2 譯註：十三世紀後，非穆斯林的印度流域的人對於入侵的穆斯林，稱呼他們為「土魯克」（Turk）或「姆薩魯人」。

3 譯註：美國團結飛機公司（Consolidated Aircraft Corporation）應一九三二年美國海軍的海上巡邏機開發的一款軍用水上飛機，該型飛機是第二次世界大戰期間使用的最為廣泛的水上飛機之一。

著頭蓋帽的中年男子弓著背把紙幣按面額分成幾堆。他們跟我比了比聖堂的方向，但忙得沒跟我多說什麼。這兩個男人把紗籠下襬塞入腰間蹲坐著，一心一意在幹活。一名信眾孤零零坐在光亮的黑磁磚地板上的一席正方小織毯上。他在聖壇旁禱告，聖壇覆蓋著無所不在的綠紗布，布邊裝飾著塑膠花。上方飾有新月與星星的一具大油燈已點燃。這聖壇毫無特色和美感。它其實很乾淨整潔又現代，但太過呆板，很難讓我有好感，我很快就離開。

往外走時，那兩名男子的其中一位揮手指向鬧街對面的一棟建物，我先前並沒注意到。拜發展與進步之賜，這清真寺的特點是聖壇在一側，清真寺在另一側，中間由一條鬧街隔開。我們輕快地穿越混亂車陣，走向一棟迷人的一層樓低矮建物，同樣也漆成亮黃色，嵌著花格窗，別致的獅子圖樣磁磚覆蓋著低斜的屋頂。這座清真寺顯然是前沙烏地（pre-saudi）風格的那股狂潮的產物，那狂潮影響了當今新蓋的清真寺。它有百餘年歷史，受到「文化資產暨考古協會」（Heritage and Archeological society）保護。寺後方有一條小溪。我在這條路線上造訪過的清真寺有個特色，就是幾乎每一座都是傍著河流而建。一名看守人打開了大門。清真寺的內部漆成綠色，部分的地板翻新鋪了磁磚，除此之外，這座寺仍保有幾許迷人雅致和歷史氛圍。一道道斜光在地板上玩花樣，不時從光面磁磚反射到沒有天花板的屋頂。這地區是一般所稱的哈吉瓦提（Hajji Watte），古時候很多穆斯林為了進行朝覲聚集在此，從附近的海灣登船啟程。

在我追尋伊本·巴圖塔的旅程中，迦勒是很重要的地方，它就是伊本·巴圖塔稱為卡里（Qali）的城鎮。迦勒，或者更精確地說是迦勒岬，在中世紀曾是繁榮的商港。大型中國船和其他商船在此停泊。就如把它稱為喀拉（Kalah）的阿布—賽義德（Abou-Zeyd）在第十世紀說的，「它是蘆薈、樟腦、檀香木、象牙和鉛的貿易中心。」中國海軍將領鄭和在一四零九年留下來的三語碑，就是在迦勒出土的。說來奇怪，當全世界都認為迦勒是商貿的集散中心，僧伽羅編年史並沒有記錄以迦勒為中心的商貿活動。伊本·巴圖塔也說它是個無足輕重的小鎮。當伊本·巴圖塔在十四世紀來到此地，在葡萄牙人抵達這裡的兩世紀之前，這裡也沒有迦勒堡壘，但那堡壘現在是迦勒的一大特色。

現今迦勒堡壘的人氣正在復甦。過去幾年來在堡壘內的人口估計有九百六十一位居民，穆斯林人口和僧伽羅佛教徒人口幾乎相等，還有零星的印度教徒、天主教徒和其他信仰的人。穆斯林並非總是被允許住在堡壘之內。葡萄牙人和荷蘭人就禁止過，傳說曾有一名穆斯林寡婦帶著幾個女兒懇求荷蘭人或英國總督在堡壘內給她一個住處，以保護女兒們的貞操與名節，因為她們經常遭到惡男騷擾。在今天，很多老式荷蘭殖民時期房屋改建成高檔精品旅館、賓館和餐廳。從可倫坡開車南下悠閒享用午餐的時髦去處，近年來每年的迦勒文學節（Galle Literary Festival）都在這裡舉辦。

一回在某個聚會和一群迦勒來的穆斯林聊天，他們知道我在國內尋索伊本・巴圖塔的足跡，便問我是否找到了伊本・巴圖塔曾下榻過的易卜拉辛船長的家。縱使我試著找過，但船長的名字並非真實線索，因為伊本・巴圖塔把每個船長都叫做易卜拉辛，等同一般常說的船長老喬（Captain Joe）。它透露的是，在十四世紀，伊本・巴圖塔到任一個穆斯林家庭都會受到款待，由此可以確定，有穆斯林信仰的人在中世紀的這座島上的很多地區生活、工作、茁壯成長。

我確定伊本・巴圖塔沒去過米拉清真寺（Meeran Masjid Jumma），但那是我很想造訪的地方。這座清真寺也是堡壘內的另一棟美麗的標誌性建物，有兩百年歷史，比附近的燈塔更悠久。我自己找來的嚮導艾爾・哈吉・穆罕默德・法齊（Al Haji Mohamed Fauzi）坐在清真寺的台階上，我走近時他正自個兒哼著歌。他走路跟我靠得很近，時而跟我說話時而自言自語。他是個討喜的人，又幫得上忙，我就讓他跟著我四處走走看看。清真寺的內部很漂亮，讓人想起天花板高聳、地板鋪著精美磁磚和紅絲絨地毯的年代。嚴格來說，慣常用來禱告的清真寺是沒有聖壇的，我打算很快離開。我在清真寺的上層台階駐足一會兒，這時法齊開始咕噥說，海邊有個隱匿的聖壇。我覺得他說的海邊聖壇有點不合理，納悶著這該不會是跟我敲竹槓的伎倆。無論如何，他身上有種單純的人的一種堅持，這一點說服了我，於是我點頭答應。

看我這麼一點頭，他馬上起身行動。他拔足飛快穿越街道，山姆和我趕忙跟在他後頭。他飛跑過一大片綠地，朝壁壘遠端的軍事前哨去。與門前的士兵短暫交談後，法齊不耐地站在原地，直到一名穿著得體的士兵走出來陪同我們。我們再次穿越綠地，但這一回是往大海方向的壁壘走。步上幾個台階後，他打開一扇我絕不會注意到的搖搖晃晃小木門，讓我們入內。接著法齊像山羊一樣在岩石巨礫之間往下跳來跳去，我使勁跟上他。最後他站在一個小洞穴前，背景是藍寶石般的美麗海洋，看著我倉促爬下來。大約在兩百碼之外，我看到一道白色矮牆圍著岩層底部的一座聖壇。聖人是巴提里．奧里亞（Batiri Awliya），他的來歷似乎裹上一層神祕色彩。這位神祕聖人前往亞當峯朝聖，但還沒回到家鄉，便在迦勒離世並且埋骨於此。他是旅人、商人還是托缽僧，已不可考，但多年來巴提里．奧里亞獲得聖徒地位，我甘願接受法齊信誓旦旦這麼說。我們肅穆地站在聖壇前，為這位沒沒無聞的靈魂短暫禱告。這裡荒蕪又炎熱，海水輕輕拍打海岸。一隻孤單的栗鳶高高盤旋在頭頂上尋找獵物。我們往回走時，等在門邊守衛的士兵在我們身後把門鎖上，彷彿巴提里．奧里亞是《基督山恩仇記》裡的囚犯，我們是他罕見的訪客。

我回到車上時，把一包香交給法齊，請他下回到那裡時在聖壇前點香。他嘴甜地答應我他會照辦。離開前我問他認不認識伊本．巴圖塔。「他最近來過嗎？」他問我。我搖搖頭，想像伊本．巴圖塔穿越迦勒，駐足在那海岸，說不定還到那位回到上帝身邊而非家鄉的孤單異國旅人的墓前禱告，並祈求自己能夠返回家鄉。

我們花了足足一小時在堡壘內寂靜的街道晃蕩，瀏覽小珠寶店櫥窗裡的首飾，試吃手工冰淇淋。隨後在的殖民風格的安縵加勒（Aamgalla）旅店涼爽寬大的遊廊小憩，這裡原先叫做新東方飯店，我父親擔任皇家檢察官時經常下榻此處。母親告訴我，凡是親屬都可以訂一間休息室更衣，準備參加在迦勒堡壘室內舉行的穆斯林婚禮。他們住在那兒的悠閒情調，跟現在的高檔飯店格調迥然不同。他們記憶中有逐漸損壞的暗淡房間，還有無精打采的服務。母親記得，她曾在一九六零年凌晨把父親叫醒，祝他新年快樂，而他聲稱自己穿著睡衣站在飯店大廳，接受可倫坡所有親戚祝福，再回房睡覺。

離開迦勒後我們前往可倫坡，但再次繞了遠路。一過貝魯威拉鎮，從迦勒大馬路岔出的一條急左彎的路環繞著大海。越過一座小橋，右轉駛入一條窄巷，我們來到路的盡頭。大海在我們左邊，前方是一片高地，高地上矗立一座童話般的清真寺，俯瞰著廣袤無垠的印度洋。對當今蘭卡的摩爾人來說，貝魯威拉的克切奇瑪萊清真寺（Ketchimalai Mosque）保有他們的歷史與身世。坐落在岩石岬角上三面環海，謠傳這裡是第一批穆斯林登陸這國家並落地生根的地方。文獻記載貝魯威拉數世紀以來是個繁榮的摩爾社區。十三世紀史籍《檀巴德尼史》（*Dambadeni Asna*）最早提到柏柏人定居在此，也就是摩洛哥人。十五世紀《紀拉史詩》談到這裡是商人及其阿拉伯婦女居住的繁榮地區，並觀察到柏柏人（bamburan）吸鴉片和大麻，擦香水，把花戴在耳朵上，揮動短棒，在精神狂熱下旋轉，彷彿描寫蘇菲行者進入狂喜的儀式。伊本・巴圖塔也是柏柏人，他肯定會來到克切奇瑪萊清真寺瞧瞧，縱使目前這座清真寺當時並不存在。

我沒料到在當時的蘭卡可以公開吸食和買賣鴉片及大麻。殖民時期作家卡本特（Carpenter）結交了一位鴉片販者，經常坐在他店內一張椅子上聽他用泰米爾話說長篇故事。他描寫用法不同的幾罐鴉片，用抽的、用喝的，還有嚼食的，整齊地擺在店內，另外還有一副天平、燃椰油的銅燈，店後方有個擺床的隔間，予人一種消遣的畫面和消逝已久的場景。幾年前，母親隨口提起一位遠房大舅，說小時候娘家的大舅午飯後會斜躺在椅子上把一顆黑色鴉片丸塞進嘴裡。一直到一九七零年代，很多穆斯林婚禮會供應 sabji，那是加了一顆鴉片丸的咖啡，在晚餐後飲用。

山姆和我走上大台階，抵達清真寺所在的高原。我記得十五年前來這裡時，被趕到給婦女出入的側門去。這一回，他們客氣有禮地接待我，帶我到清真寺側邊的婦女參觀室，讓我透過彩色玻璃門上的一面乾淨透明的窗玻璃觀看，山姆則被帶入內。說明我的來意後，我在納菲爾（Nafil）的庇護下走走看看，納菲爾的宗教家世無懈可擊。他是清真寺第七代監察人，他的兩位先祖謝赫・阿布杜拉（Sheikh Abdullah）和謝赫・哈姆扎（Sheikh Hamza）也葬在這岬角，在清真寺前方另一棟小建物內。他一口氣說出克切奇瑪萊聖人的歷史。

謝赫・阿胥羅夫・法留勒（Sheikh Ashrof Valiullah）在一二二一年來到這裡，七名葉門來的蘇菲派教徒與他同行，全都是親兄弟。假使聖徒身分是世襲的，這是聖徒有親屬關係的另一個例子，就跟馬塔拉的情形一樣。納菲爾繼續細數，沒留意到我不時分心。克切奇瑪萊聖人的一位兄弟謝赫・歐斯曼（Sheikh Osman）葬在可倫坡的迪瓦塔迦哈清真寺（Devatagaha Mosque）。這座清真寺我從小常去，每當我需要精神支柱就會去到那裡。兄弟二號名叫謝赫・伊斯梅爾（Sheikh Ismail）葬在馬戈納（Maggona），兄弟三號和四號葬在中國堡壘，分別位於貝魯威拉和拉特納普勒。兄弟五號和六號下落不明。下落不明！我驚呼。納菲爾悲傷地搖搖頭。他們在某處，但我們不知道在哪。停頓了一下，他拋出另一個趣聞。謝赫・阿胥羅夫・法留勒帶著兩位姊妹來這裡。她們在哪？我不確定，他答得簡潔。那麼謝赫・阿胥羅夫・法留勒為什麼來這裡？當然是攀登亞當峯，他這麼回答。人人似乎都是為了攀登亞當峯朝聖而來到這裡，這我相信，但納菲爾顯然認為在這主題上我需要多加開導。亞當峯上有一個亞當的足印，也就是我們穆斯林所謂的「亞當父親的足印」（Baba Adam Malai），他耐著性子說，接著又補充說，亞當的另一個足印在麥加的某處。我點頭微笑，想起法魯克在拉特納普勒的潔妮絲清真寺吟念的偈誦提到，佛陀在亞當峯留下一足印，也在麥加留下另一足印，因此佛陀又被稱為麥加聖者。所有足印似乎都有關聯。就這一點上佛教和伊斯蘭交纏不清。

你爬過亞當峯嗎？我問納菲爾。他答得閃爍。現在爬過亞當峯的穆斯林不多，因為他們認為那裡是佛教聖地。他聳聳肩。到處有瓦哈比派的人，他告訴我，但他們不會惹我們。我看著這位身材勻稱的中年男子，他對我不太構成威脅，但是把這位教長惹火的可能，對瓦哈比派來說也是太過頭了。離開這座別致的清真寺時，他陪同我們走到岬角的周圍瞧瞧。我們俯瞰小漁船在下方港灣的停泊處左右搖晃。那妳呢？納菲爾輕聲地問。妳從哪來？聽到我曾祖父是阿布杜爾．嘉福爾，他微笑告訴我，我們是親戚。納菲爾的祖先謝赫．阿布杜拉（Sheikh Abdullah）受邀一同開辦嘉富爾經學院（the Ghaffooriya Madrasa）。我身上又多了一條連結。我們走下台階時遇到一小家子的阿拉伯觀光客，婦女都戴著黑頭巾。我們彼此問安致意後，繼續往下走。

在岬角底部，一名中年男子戴頭蓋帽站在裝滿橘色國王椰子的小貨車後面。想到大口喝下國王椰子（Thambili）解渴很不錯，我付他五十盧比，於是他俐落地削去椰仁頂端，將之隨手扔掉，再戳一個洞，給我們一人一根吸管。在椰子樹叢的涼蔭下休息，啜著國王椰子汁，我把伊本．巴圖塔描寫美妙的椰子樹的那一段讀給山姆聽。當然，他談的是另一種椰子樹，不是斯里蘭卡獨有的國王椰子樹，但他的描述依舊怪異得準確，而且在幾世紀過後它的用途還是沒變。根據伊本．巴圖塔的說法，椰子樹是最奇特的樹之一，看起來就跟棗椰沒兩樣。椰果很像人頭，上面有像是眼睛的標記，還有個嘴巴，椰仁尚青時，看起來像大腦。它外面的纖維像頭髮，這些纖維可用來製作繩索，他們就是用這種繩索把船繫綁起來，不需用上釘子，而船纜線也是椰纖維編的。椰子的一大特色是，可以增強體力，讓臉蛋豐腴紅潤。在椰子尚青時剖開，椰汁非常鮮甜。喝完椰汁後，剝一片外皮當湯匙，把裡面的果仁挖來吃。椰仁嘗起來像煮過而沒煮熟的蛋，可以滋補養身（吉柏）。

21

喀朗布

……是薩蘭迪布最廣大最優美的城鎮。那裡住著宰相高官和海上霸主賈拉斯提（Jalasti），他有五百名阿比西尼亞壯士。

伊本．巴圖塔（吉柏）

一般認為，可倫坡是在殖民時期的扶植下成為首府的一個相對新興的城市，不過伊本・巴圖塔卻把可倫坡描述為美麗而精緻的城市。在今天看來多少有點難以置信，七百年前一名十四世紀摩洛哥人在薩蘭迪布遊歷過的所有城鎮當中，他把至高的讚美給了可倫坡：……薩蘭迪布島上最大最美麗的城市之一（葛雷）。

然而，中世紀和殖民時期的旅人筆下的可倫坡，和今天的可倫坡大不相同。就跟所有蓬勃繁榮的城市一樣，它往邊緣擴張，向外移動之餘也向上提升。十九、二十世紀之交興建的時髦住宅區，今天是工商業活動的地區，肉桂園和椰子園成為炙手可熱的近鄰，在我執筆之際，甚至有大量砂石被倒進可倫坡外海填土造地，改變了海岸線，為了打造一個全新的城市。

旅人們諸如十八世紀荷蘭人哈夫納，描寫可倫坡是個快活的城市，街道寬敞，小酒館和咖啡屋林立，人們在裡頭玩撞球、保齡球和西洋棋等。至於偏好清醒活動的人，則可沿著河岸邊的美麗步道愜意散步。英國殖民時期造訪可倫坡的美國人，橫跨十九和二十世紀，無不描述遊客被海上星羅棋布的漁船吸引的情景；還有堡壘，最初是葡萄牙人興建，後由荷蘭人改建；以及與城市的一側相接的肉桂園。他們對可倫坡的印象，是五花撩亂又鬧哄哄的地方，很適合作為一國之都。居民的穿著五彩繽紛，美麗婦人穿紗麗，俊俏男子穿紗籠纏頭巾，打赤膊露出古銅色胸膛。有迷人的平房隱身在蒼翠蓊鬱的植被之後，學校、教堂和學院錯落其間。這些旅人仔細描述港灣和城區是兩個分開的區域。[1]

很久以前，可倫坡港被認為無足輕重，只適合小船靠岸，大船不得不在四分之一英里外海下錨停泊。到了十九世紀，[2]後來的評論者寫到，可倫坡是繁忙的重要港口，塞滿了油輪和客輪。有前往澳洲、中國、日本、加爾各答和緬甸途中、大排長龍的汽輪，還有從印度大陸來較小的沿海艇，星星點點布滿海面。[3]美國旅人在船泊位之後，聞到肉桂和丁香的芳香和椰子油的氣味迎面撲來。這港灣和城市令他們著迷，他們無不以為來到天堂。

有些人認為這城市的名稱是殖民時期葡萄牙人給的，為了紀念探險家克里斯托佛羅・柯倫伯（Cristoforo Colombo），也就是我們都知道的哥倫布。另有些人的說法更有趣，認為是以芒果樹（kola amba）命名的。雖然蘭卡有很多城鎮和村莊用樹木來命名也是事實，但首都的名稱更可能來自「喀拉尼河的渡口」（kalani tota）或「喀拉尼河港」。伊本・巴圖塔遠比白人更早抵達這裡，把這城市稱呼為喀朗布（Kalanbu）。一個貌似有理的說法是，葡萄牙殖民者把這名稱改為他們熟悉的人名，也就是哥倫布。

伊本·巴圖塔來到可倫坡時，這座城由摩爾王子賈拉斯提（Jalasti）統治，其麾下有一支由阿比西尼亞人組成的武力。在伊本·巴圖塔的記述之前，沒有任何記錄能夠佐證這一點。然而，方濟會修士馬黎諾里（Giovanni dei Marignolli），也是奉派出使中國元順帝朝廷的四名羅馬教宗使節之一，於一三四九年返回羅馬途中，曾在蘭卡島南部海岸避難。在這裡，他落入一名他形容為薩拉遜閹人首領（Saracen eunuch ruler）的手中，被拘留四個月，根據惱火不已的馬黎諾里的說法，他的珍稀物品和貨物都被這位統治者客氣有禮地沒收了。馬黎諾里晚伊本·巴圖塔五年造訪蘭卡島，島上有兩位穆斯林統治者，一個在可倫坡，另一個在貝魯威拉（馬黎諾里稱為波維里斯〔Pervilis〕），這種可能性很小。綜觀所有可能性，賈拉斯提應該是馬黎諾里遇到的科亞·賈翰（Coya Jaan 或 Khoja Jahan）——稱霸海上的馬來海盜。

1 作者註：古內提列齊（H.A.I. Goonetileke），〈美國人眼中的斯里蘭卡印象：十九世紀和二十世紀的錫蘭旅人〉（Images of Sri Lanka through American Eyes: Travellers in Ceylon in the 19th and 20th centuries）。美國新聞處，美國大使館，一九九八年。

2 作者註：哈夫納，《徒步漫遊錫蘭島》，一八二一年。

3 作者註：卡本特（Edward Carpenter），《從亞當峯到象島：錫蘭和印度速寫》，一八九二年，亞洲教育協會，一九九九年再版。

在馬黎諾里和伊本·巴圖塔之前，很多外來者的記述指出這國家始終有兩位統治者。[4]一位是紅鋯石（hyacinth）之王，與掌控海灣和大商港（曼索丹？）的國王為敵。[5]十世紀阿瑟狄（Asadi Tusi）寫的一首波斯詩〈加沙普史詩〉（Garsharsp-Namah），談到錫蘭國王巴忽戰勝了迦勒（Kalah）的薩蘭迪布沙王（Shah of Serendib）。[6]在九世紀，爪哇的摩訶羅闍（Maharaja of Zabedj）宣稱擁有迦勒的統治權。[7]當然，無論科亞·賈翰或賈拉斯提或非僧伽羅的其他統治者，在僧伽羅史裡都沒被提及，但常被描述為侵略者的達羅毗荼（Dravidian）統治者除外。無論如何，外來文獻透露出這座島的歷史遠比我們目前所能認可的更為複雜。

第二個有趣的事實是，賈拉斯提的五百名阿比西尼亞壯士。阿比西尼亞是今天衣索比亞的北邊地帶。顯然，數百年來，阿比西尼亞士兵被視為在公海航行的安全保證。就連伊本·巴圖塔乘坐中國船航行時，也注意到船上有阿比西尼亞士兵守衛船艦和貨物。當船主上岸時，不管踏上哪片土地，那些阿比西尼亞士兵會配戴長茅、劍、鼓、喇叭和軍號為主人開道，我敢說，對船主心懷不軌的人看到這般陣仗，恐怕也要敬畏三分。在另一個情況裡，伊本·巴圖塔記錄他看到五十名阿比西尼亞士兵在坎達哈（Qandahar）的船艦上護衛非穆斯林統治者賈蘭西（Jalansi，別跟賈拉斯提搞混）。

就今天來說，他們等同於為跨國商務提供私人保鑣的公司。

傭兵在世界史裡並非罕見，至少在蘭卡歷史裡如此。馬可波羅提到蘭卡王雇用「穆罕默德教徒」（Muhammadans）來作戰。尼散迦摩羅王（Nissanka Malla）雇用印度南部名為阿甘帕迪（Agampadi）的部族為武力之一，這種做法一直持續到康提時期。[8] 十一世紀的毗闍耶．巴忽一世（Vijaja Bahu I）派遣皇家衛隊（Velakkara）攻打朱羅（Cholas）時，皇家衛隊卻陣前叛亂，他不得不使用拉傑普特（Rajput）傭兵鎮壓，但後來又被拉傑普特傭兵所弒。[9] 即便在殖民時期，咸信原住民反對戰爭，而僧伽羅士兵

4 作者註：蘇萊曼（Soleyman）引述自田內特的《錫蘭島概述》。

5 作者註：科斯馬斯．印第科普萊特斯（Cosmos Indicopleusters）引述自田內特的《錫蘭島概述》。

6 作者註：拉森納亞甘（Mudaliyar C. Rasanayagam），《古代賈夫納：從最早期到葡萄牙時期的賈夫納歷史研究》（*Ancient Jaffna: Being a Research Into the History of Jaffna from Very Early Times to the Portuguese Period*），一九二五年。

7 作者註：阿布—賽義德（Abou-Zeyd）引述自田內特的《錫蘭島概述》。

8 作者註：佐爾坦．比德曼（Zoltan Biedermann），《（斷開的）連通帝國：葡萄牙帝國、斯里蘭卡民主及哈布斯堡王朝在亞洲的征服》（*(Dis)Connected Empires: Imperial Portugal, Sri Lanka Democracy and the making of a Hapsburg Conquest in Asia*），二〇一八年。

9 作者註：柯德林頓（H.W. Codrington），《錫蘭簡史》（*A Short History of Ceylon*），一九二九年初版，一九九四年亞洲教育協會再版。

很少跟敵人面對面公開戰鬥，偏好在隱匿狀態使用其他戰術反擊。[10]因此，西方殖民者觀察到，蘭卡陸上和海上武力主要是外來兵團。從這個角度來看，五百名阿比西尼亞壯士的存在也就不足為奇。

外來統治者和外來武力的兩個事實也許很讓人驚訝，但可倫坡作為重要的貿易海港，很長一段時間是由非僧伽羅人所掌控。談到外來統治者（達羅毗荼除外），蘭卡史就好比斯芬克斯（Sphinx），因為這不是史料樂於探究或突顯的細節。他們跟印度表親有樣學樣，把亞歷山大大帝入侵印度的事實從歷史抹去。這意味著感興趣的讀者要從其他地方找證據。

可惜可倫坡在被歐洲人殖民後才有深度的記錄。一九六五年可倫坡市政廳（Colombo Municipal Council）出版的百年史指出，葡萄牙人抵達可倫坡時，發現可倫坡被掌控在他們所謂的摩爾人手中，他們的貿易對手。戰爭接踵而來，葡萄牙獲勝，可倫坡變成一座葡萄牙城。當葡萄牙人在菲律賓或蘭卡等土地遇到穆斯林，一概管他們叫摩爾人，認為這些人和西班牙和葡萄牙境內的穆斯林人口——摩洛哥人或北非人（Moros 或 Mouros）——沒兩樣。不過這不代表他們口中的這些人真的是摩洛哥人。他們很可能來自北非一帶和西亞國家，因為有共同的信仰而被總括在一個標籤下，落地生根與在地人通婚。

在殖民時期之前，穆斯林（或阿拉伯）社群被稱為臾恩（Yon），從梵文的耶槃那（Yavana）一字而來，意思是外邦人。因此你會發現國內有很多地名帶有「臾」字，像是臾維迪亞（Yon Veediya）、臾加拉（Yongalla）、臾比沙瓦（Yon Bisava）等等。這個社群的名稱逐漸演變，當今的僧伽羅人不再用「臾」字稱呼它，而是稱為Marakkala Minissu 或 Marakkalaya，意思是船民。在蘇門答臘北部羅布杜阿（Lobu Tua）出土，可溯自一零八八年的一篇泰米爾銘文，提到了對船隻課稅的細節。顯然「船民」（Marakkala nayan）一詞首度出現時，指的是來自阿拉伯世界，居住在泰米爾納德邦（Tamil Nadu）和喀拉拉邦（Kerala）[11]，經常在公海航行的穆斯林商人。這意味著，人們使用這個詞超過一百年，它指的是出身於穆斯林地區，而今在南亞落地生根的商

10 參見海伊特（Heydt）所著的《錫蘭：非洲和東印度等等的最新地理和地形展示的相關章節》（*Ceylon: Being the Ralevant Sections of the Allerneuester Geographisch-und Topographischer Schau-Platz Von Africa und Ost-Indien*），Wilhermsdorff出版社，雷文—哈特（R. Raven-Hart）翻譯，錫蘭國家新聞處（Ceylon Government Information Department）一九五二年再版，亦見於田內特的《錫蘭島概述》。

11 《南亞和東南亞的早期交流：跨文化交流的反思》（*Early Interactions between South and South East Asia: Reflections on the Cross-Cultural Exchange*），曼古安（Pierre Yves Manquin）、馬尼（A. Mani）和韋德（Geoff Wade）編著，東南亞研究中心（Institute of South East Asian Studies）出版，二〇一一年。

人。

在蘭卡，早期的穆斯林社群自稱索那梵（Sonavan）或索那哈爾（Sonahar）。進入殖民時期後，葡萄牙人統稱的「摩爾人」流傳了很多年，以至於英國殖民者沿用這同一稱呼，為這社群的後代建立了正式的族裔分類，以便跟同屬於穆斯林信仰的博拉人（Bohras）、門蒙人（Memons）、和卓人（Khojas）和馬來人（Malays）有所區別。到了我這一代，我看到這個標籤再次起了變化。國中快結束那年，因為政治的因素，屬於穆斯林信仰的所有族群分類崩解，只剩統一的標籤——穆斯林。這代表我們所有美好的文化差異、服裝、飲食和語言全被統括為單一的認同。

自古以來，穆斯林固守在更大的社群之中。他們擔任國家行政官員，也在佛教僧院裡任職。他們是佛牙寺的工作人員，也參與佛牙節慶典。他們擔任貿易大使被派往阿拉伯及其他穆斯林國家。很多國王賜地興建清真寺：甘波羅的卡哈塔匹提亞（Kahatapitiya）清真寺就是這麼來的。如此這般行之有年，佛寺住持允許清真寺蓋在佛門土地上，穆斯林本身還捐錢來維護佛寺，甚至供應鹽、魚乾、蔬菜、檳榔葉、菸草等其他獻禮，促進佛教徒地主和穆斯林租戶之間相依共存的情感。[12]正是國家、僧尼和穆斯林社群之間的互助合作，使得各自得以保有本身的認同，同時又能和諧共榮。

遺憾的是，如今這個互助體系已經崩潰。原因有三。一是湧入這地區的佛教徒人口接管佛寺事務，使得穆斯林的捐獻變得多餘。其二，妄自尊大的佛教教職人員認為穆斯林正在蠶食鯨吞佛寺所在的土地，就像丹布勒（Dambulla）這類重要的佛寺城的情況一樣，尤其是安帕賴（Ampara）的提迦婆畢（Dighavapi），其古老的塔廟（chaitya）是佛陀親臨的地點。其三是，穆斯林之中瓦哈比派的崛起，勸阻自己人別再資助和維護街坊的佛寺。這造成了一個不穩定的弱勢社群。一個必須經常強調和確認在島內的存在具有正當性的社群。因此，諸如佛牙寺的任職登錄（the Service Tenure Register of the Dalada Maligawa）或阿拉伯銘文等突顯打從九世紀以來穆斯林族群及其貢獻的文件，則加倍重要。

12 洛娜・德瓦拉賈（Lorna Dewaraja），《斯里蘭卡的穆斯林：一千年的族裔和諧，九零零－一九一五年》（*The Muslims od Sri Lanka: One Thousand years of ethnic harmony, 900-1915*），蘭卡伊斯蘭基金會（The Lanka Islamic Foundation），一九九四年。

可倫坡是我的家鄉。我在這裡出生成長。我決定套用伊本．巴圖塔的一貫手法，重新造訪我的故鄉。伊本．巴圖塔造訪過的可倫坡，和我現在居住的可倫坡大不相同，今日的可倫坡已大幅擴展，涵蓋了十四世紀仍是叢林的廣大區域。即便在今天，可倫坡仍有龐大的穆斯林人口，但這城市的美麗光彩正逐漸消逝。塞車，空氣汙染，到處是水泥建築。然而可倫坡無疑是我國的金融商業首都，伊本．巴圖塔還是看出它美得耀眼。

在這座島四處遊歷的過程裡，伊本．巴圖塔提到謝赫歐斯曼清真寺，這座清真寺的所在確認了他不是到過庫魯內格勒就是到過甘波羅。我決定去造訪我所知的僅有的另一座謝赫歐斯曼清真寺，又叫做迪瓦塔迦哈（Devatagaha）清真寺，位於肉桂園（Cinnamon Gardens）。我認為要尋索伊本．巴圖塔的行蹤，那座清真寺是個好去處。根據可倫坡百年鑑，最早期的一些禮拜地點當中，有一些是清真寺。布羅伊爾（R.L. Brohier）[13]在他的《歷史系列》（*Historical Series*）宣稱，當葡萄牙人乘著小艦隊抵達可倫坡時，探險隊的司令在群集的茅屋和一簇簇的葉冠之中，看見了兩座刷白的清真寺。不久前，我偶然看到以剪紙形式呈現、於一五一八年落成的可倫坡首座葡萄牙堡壘。在那個模型裡，有個箭頭代表清真寺，一般認為是可倫坡大清真寺。進一步資訊顯示，在荷蘭殖民時期，人們發現一面可溯自公元九三九年的墓碑，悼念一位阿拉伯裔穆斯林教士。傳統認為，正是這位教士興建了島內的第一座清真寺。但是那清真寺的地點何在，樣貌如何，沒人說得準。因此，我要前往的清真寺，歷史並不悠久——大約兩百年。

出了家門，我穿越維哈馬哈德維公園（Vihara Maha Devi Park，城裡的一葉綠肺），那裡近來經過一番整頓，變得明亮開闊，成了富人窮人雜混的鄰近街坊週末消磨時間的熱門去處。那天一如往常，到公園裡來的大多數是附近低收入街區裡的穆斯林家庭，他們在草地上野餐，或觀看其他人享受義大利式悠閒散步，身旁圍繞著尖聲嘻笑的孩童。當我穿越英國殖民者種植的參天古樹，繞過有幾隻散漫的野鴨來回划水的陰鬱池塘，看著坐在遠處長椅上避人耳目的一對對情侶，盈耳都是泰米爾語的交談聲，此地大多數穆斯林的通用語。離開公園，我繞過英國人建造的市政府，據說是以美國華府國會山莊為靈感設計的，很快便來到迪瓦塔迦哈清真寺的外面。謝赫・歐斯曼是來自

13 譯註：一八九二—一九八零年，錫蘭伯格人的測量師（Ceylonese Burgher surveyor）和作家。曾擔任錫蘭的副測量長。

葉門並在貝魯威拉靠岸的蘇菲派七兄弟之一。埋骨於貝魯威拉的克切奇瑪萊清真寺的，正是他的兄弟。一如所料，神奇的傳說圍繞著謝赫歐斯曼清真寺。在那清真寺的古老區域，站在燃椰子油的一個高大黃銅燈旁，看管鞋子和拖鞋的看守人一心想開導我。他指著以遮光玻璃圍起來，垂掛著綠布巾的聖人聖堂，我身為女性不得進入的區域，開始娓娓道來。

在一八二三年，肉桂園是個樹木叢生陰暗危險的區域。一位年邁的僧伽羅婦人從邦巴拉皮提亞（Bambalapitiya）提著一壺油穿越這肉桂叢林前往馬拉達那（Maradana），不小心被樹根絆倒，油壺摔碎了，油潑灑了一地。正當她為自己的歹命傷心哭泣時，突然聽到有人說話，於是她抬起頭，看見一位老人坐在一棵大竹節樹（dawata或devata樹，又名Carallia brachiate）下。他安慰她，並要她再帶一個新壺來。她趕忙前往馬拉達那，盡快帶回一個新的陶壺。那老人依舊在原地。接著他起身，抬腳往地上一踏，就這樣，油神奇地在她眼前湧上來。她開心地用容器裝滿，向老人道謝後離開，並把這樁奇事說給馬拉達那的人聽。這故事沒交代她怎麼知道那聖人是穆斯林，以及那清真寺是怎麼來的，但故事是這樣說的。

鞋子看守人講完後，從眼角瞄到一對夫婦把一壺油倒進油燈裡。火焰劈啪響了一下子便熄滅。看守人咂了砸舌，衝上前再把火點燃。這對夫婦是僧伽羅人，顯然覺得很不好意思。但他要他們放心，這種事常發生。又是一個多元文化的奇蹟，沒錯，這是所有人不分信仰不分社群都會前來禮拜的清真寺。原始建物雖然有點損毀但美麗依舊，高出圓頂的樹冠每年到了聖人節就會被修剪整潔。側面新擴建的部分，可想見的很難看。而今，這裡已找不到竹節樹的蹤影。竹節樹是土生的樹種，在《阿育吠陀》（*Ayurveda*）裡屬於藥用植物。迪瓦塔迦哈清真寺就是用這樹的名稱命名的，而今竹節樹已瀕臨絕種。

隔天，我前往老城區，那裡是伊本．巴圖塔更可能去過的區域。穆特瓦爾（Mutwal）在殖民時期曾是高檔街區，但在今天你很難找到一絲一毫高檔的痕跡。它是落魄的貴婦成了街頭流浪女。然而驅車駛過布隆曼達爾路（Bloemendhal Road）再上到聖詹姆士山莊（St James Hill），這一帶可是充滿了個性與活力，這座城的精髓所在。我在清真寺路轉向大海。穿越擠滿住屋的一條窄巷，有些房子看起像是天主教徒住的，有些是穆斯林住的，路的盡頭坐落著若隱若現的狄努娜巧（Deen Noor Nachia）穆斯林聖堂，紀念印度來的女聖人。在伊斯蘭教裡女聖人並非罕見，但是她們的聖堂和故事很少被保留和流傳下來。還記得貝魯威拉的納菲爾最先提到謝赫．艾胥羅夫的姊妹，而納菲爾相信她們消失無蹤？那麼，我似乎找到了她們其中一個的下落。雖然狄努娜巧被認為既是狄瓦塔迦哈清真寺的謝赫．歐斯曼的姊妹也是克切奇瑪萊清真寺的謝赫．艾胥羅夫的姊妹，她的故事發生在十六世紀葡萄牙殖民時期，從時間上來說是兜不攏的。但是奇蹟和信仰未必跟歷史和事實吻合。

聖堂的看守人住在隔壁。一名整潔繫著白格子紗籠、穿寬鬆上衣的老人坐在鋪白瓷磚的起居室一角朗讀可蘭經。我跟母親和阿姨一同前來。女主人親切地歡迎我們，邀請我們與他們一家三代人同坐一會兒。老人的妻子艾娜（Ayna）的母親和阿姨陪同在場，她的么兒阿夫扎（Afzal）也加入談話。在大夥人七嘴八舌之後，狄努娜巧的故事情節有增有減，充滿了歡笑。

一天，狄努娜巧和她的五個兄弟在海邊游泳，幾個好色的葡萄牙男人看見了這位穆斯林美人，立刻上前對她糾纏不休。她的兄弟們試圖保護她，但敵不過對方蠻橫，於是叫她快逃。狄努娜巧拔腿開始跑，最後很不幸地跑到了沒有後路的礁石上。在絕望之際她開始禱告，呼求阿拉拯救她。奇蹟似的，礁石上突然洞開了一條小隧道，她爬進去之後，開口便封閉，她從此消失無蹤。親眼目睹這位貞節少女苦難的人，把她封為聖人，她的五名兄弟也被封為聖人，其中四個埋骨於可倫坡及其近郊：一個在聖安東尼教堂附近的科奇克德（Kochchikade），一個在皮耶撒希布街清真寺（Peer Sahib Street mosque），巴布斯（Baboos）在大清真寺，謝赫・歐斯曼在迪瓦塔迦哈清真寺，而謝赫・艾胥羅夫葬在貝魯威拉的克切奇瑪萊清真寺。

我不忍心告訴他們，他們的故事和貝魯威拉的克切奇瑪萊清真寺的故事並不吻合，後者已確認了這些兄弟各個埋葬地點。不過這群說故事的人還有更多要說。那位母親拉低嗓音表情悲傷。理應還有一位兄弟葬在哥爾佩蒂（Colpetty）清真寺，不過瓦哈比派接管了那座清真寺，聖堂就被上鎖了，沒有人確切知道那位聖人是何許人。

我們一一起身，撣掉衣上的灰塵並整理衣裝，是時候造訪聖堂了。在新朋友的陪伴下，我們來到隔壁。那是個殘敗破舊的區域，入口的兩旁有成排的小房間，分租給很多家庭。門簾後爆出泰米爾電影歌曲，魁梧的女人一臉不友善瞪視我們。我走上破損的台階，進到在巖石內的聖堂。兩名男子看管著。好諷刺呀，我心想，即便是女性聖堂還是由男性看管。我脫掉鞋子，站在第一個房間，房內有油氈拼花地板和漆成綠色的岩牆。與眼睛齊平處有個暗色小罩殼點著一盞石燈，一旁的地板上有個中型黃銅燈也點燃。其中一個男人穆哈梅德・納席爾・巴瓦（Muhammed Naseer Bawa）打開所有的燈，霎時整個房間亮得太過刺眼。他開始大聲禱告，我們站成一排，恭敬地垂首。

我們輪流拿著一只油壺，把油注入那兩座油燈。接著他把側牆的隧道指給我們看。那是個可爬行的小空隙，為了證明爬得過去，阿夫扎開始往隧道裡爬，還叫我跟在他後頭。我彎腰用腿慢吞吞移動，看到遠端在電燈照明下有另一盞黃銅油燈火光搖曳。就視力所及，我看到隧道往內消失於深處。傳說隧道的出口在海上。造訪過聖堂後，我的嚮導們領著我們到隔壁的他們的住家屋頂。他們指著大海中央插著旗子的礁石。那裡顯然就是隧道的盡頭。

艾娜的母親說，她不再到那聖堂去了，因為很多泰米爾人和僧伽羅人來這裡禱告，她並不喜歡。每週四，懷不上孩子的婦女、未婚女人、進入青春期的少女會前來祈福。穆斯林寡婦在四個月又十天的守喪期結束也會來到這裡，在河流匯入大海的交界處濯足，並向狄努娜巧祈禱。聆聽婦女心聲的女聖人。不論艾娜的母親喜不喜歡，祂也不分信仰，來者不拒。

22

鹽田的土地

離開喀朗布三天後，我們又來到巴塔拉，晉見了前面提過的蘇丹。我發現易卜拉辛船長仍在等候我歸來，於是我們啟航前往馬爾巴。

伊本·巴圖塔（吉柏）

可倫坡以北的路上，一直到奇洛之間，居民以天主教人口居多。一路上大大小小的教堂令人印象深刻之外，很多十字路口都豎立著天主教小聖像。我們早餐吃了雞蛋薄餅佐雞塊，所謂的雞塊就是雞肝和雞胗，這種命名還真會把人搞糊塗，席間我們跟這一家穆斯林飯店的泰米爾天主教侍者談起伊本・巴圖塔。早餐時段來到用餐高峰，除了絕對必要，他們懶得在我們身上多花時間。我們一致認為，他們從沒聽過伊本・巴圖塔，也漠不關心。

帶著幾分洩氣的心情，我們來到內貢博城外的科奇克德鎮的聖安東尼教堂，一直坐到有很多人出席的彌撒結束。教堂大廳到處張貼安靜和請戴上面紗的標語。這天是瞻禮日（Feast day），聖堂裝飾著兩根象牙和巨大的康提風格橫幅。幾位婦女頭上優雅地披掛著蕾絲薄紗，把拖鞋留在外面。我想起造訪義大利帕多瓦（Padua）的聖安東尼教堂時，看見聖人的舌頭展示在玻璃箱內，神奇地保存了八百年。在那裡我看到從斯里蘭卡寄去，用僧伽羅文寫的數百封信，別在聖堂的內牆上，感謝聖安東尼顯奇蹟，大體上是求孕的婦人得償所願。

奈那馬杜瓦（Nainamaduwa）的維克索帕聖母堂（Vicksopa Church to Mother Mary）播放現場的聖樂團歌聲給路上的行人聽，宣傳它的彌撒。我們入內時，彌撒剛好結束，有時間在沒有人群打擾的情況下體驗這座教堂。翻新的天花板是辦公室常見的樣式，給這美麗的教堂添上難看的外觀，打消了我們多逗留一會兒的念頭。離開之際，一名缺牙的年輕女子穿著緊身針織裙和無袖上衣走向我們，臉上掛著友善的微笑。在都市住慣了，我自然懷疑她別有居心，但她毫無所圖，只想聊天。她告訴我們，教堂白天上鎖，因為小孩子會把口香糖黏在小樹枝上，還會從捐獻箱裡偷錢。聽到有關鬼怪的小小偷這番說詞，我們還來不及回應，她開始譴責未婚夫妻玷汙了教堂的聖潔。這時一隻鴿子低飛到她頭頂上盤旋，彷彿在回應她似的，她擺了擺手把鴿子揮開。這也太多了吧，她說，指的是鴿子。幾個孩子前來設陷阱捉鴿子。我們三個站在教堂門口，她在此跟我們道別，然後揚長而去，留下我們去參悟她給的訊息。

在瑪拉威拉（Marawila），一條小路向西通往著名的 Kurusa Palliya，也就是海邊的聖十字教堂。我買了一百盧比的蠟燭，點燃後凝視著神奇的耶穌像，耶穌基督的臉孔近來才安放在祂的胸膛之上。兩位賣蠟燭的老婦人告訴我，一百多年前，若瑟瓦斯（Joseph Vaz）神父——也就是大家知道的錫蘭使徒（Apostle of Ceylon），二零一五年教宗方濟各在可倫坡為他舉行封聖典禮——，從印度登陸這裡，往南行之前，曾在此停留。當時他口渴難當，看見一片西瓜田，便摘了一顆西瓜解渴。西瓜田的主人見狀怒不可抑，於是若瑟瓦斯神父把吃剩的一半西瓜還給他，隨後地主發現，西瓜竟是一整顆完好無損，當場羞得面紅耳赤。有個湊熱鬧的婦人跟我解釋說，西瓜地主是個穆斯林。賣蠟燭的揮手把這婦人支開，說不記得有這一段情節。書裡有寫這一段，湊熱鬧的婦人頑固地堅稱。因為思緒被打斷，賣蠟燭的把故事說得虎頭蛇尾。她氣呼呼瞪著湊熱鬧的婦人一溜煙走掉。

那麼，這教堂是怎麼變得神奇？我追問她。這老婦猛撓頭，看向同伴等著提示。她賣力把故事說完，沒有加油添醋，以免另一個愛湊熱鬧的人又拿芝麻蒜皮的事來打岔。當年的西瓜田而今是個墓園，有一天，一位絕望的婦人在那裡的大十字架前祈求上主治癒生病的女兒，結果女兒痊癒了。想當然耳，那裡變成聖地。老婦和同伴沾沾自喜地看著我。她們雙手交握在罩著白蕾絲衣衫的鼓凸小腹上。那麼當今的奇蹟呢？我問。故事發生的年代更近，她們知道得很詳細。賣蠟燭老婦二號接替說起這故事。幾個漁夫出海捕魚前來到這教堂禱告，其中一個注意到耶穌基督的臉孔顯現在雕像身軀之上，隨後連血管也清晰可見。妳有沒有看到聖容，她們熱切地問。我點點頭，有，那一張臉看起來確實就像人們所描述的耶穌基督的長相。她們露出滿意的表情，並異口同聲說耶穌保佑你，我們就此結束談話。在兩個鐘頭內蒙受兩份祝福，在徹底被淨化的感覺下，我們越過帝杜盧河（Deduru Oya）。

我們正式進入乾旱帶。從橋上我看見人們在下方的河裡游泳。穿傳統泳衣的女子和穿內衣的男子在這河裡嬉戲調情並非罕見。郊遊的人、信眾和遊客常來這裡戲水，看這些人潛入水中的程度，可輕易猜出這河水的深度。這條河又寬又淺，在遙遠的對岸動不動就有土壤被侵蝕的情況。椰子樹被連根拔起，不雅觀地顛倒進河裡，河岸向下傾斜險象環生。一過橋，地景有了變化。變得更鄉下，路旁的景色換成一畝又一畝的椰子園。儘管我們跨越很多小河流和溪澗，土地卻變得更乾涸。

再次靠近普塔勒姆，現在來到旅程的盡頭。為了尋索這位摩洛哥旅人的行蹤，我不得不在這島上繞了一大圈遠路，正因為如此，我遵從他的座右銘：我在旅程中養成一個習慣，凡是我走過的路，盡可能不走第二遍（吉柏）。伊本·巴圖塔從普塔勒姆再次離開之前，禮貌性地晉見阿利亞·查克拉瓦提，後者再次賜給他珠寶和龍涎香。然而在倒楣的易卜拉辛船長的操盤下，他們的船又遇上了強風，幾乎要沉沒。

伊本·巴圖塔在抵達和離開時都在這座島附近遇上風暴其實並不令人意外，如果你讀《大史》，會發現它反覆談到很多船隻在這座島的海岸遇難。即使伊本·巴圖塔沒有寫實地詳細描繪他所遇到的風暴，他的確提到，我們的船險些撞上礁石，後來又駛入淺灘而擱淺。與死亡正面交鋒，船上的人紛紛把財物貨物扔向海中，彼此道別（吉柏）。十二世紀地理學家和旅人伊布・朱貝爾在離開薩丁尼亞航向西西里時遇上了風暴，他對這一段經歷的描述則帶有更多情緒，狂勁的風在海面上攪起滔天怒潮，暴雨如注，像萬箭齊發。海浪從四面八方排山而來。大海徹夜發威。地平線黑沉沉，狂風扯裂船帆。船上的人開始死命地禱告。到了翌日，上主垂憐開恩。烏雲已消散，風勢減弱了，陽光普照，大海平靜無波。暴風雨已經過了。即使伊本・巴圖塔怪罪舵手讓船擱淺，也許倒楣又理應經驗不足的易卜拉辛確實被錯怪了。當船在大海中的一座礁島擱淺，伊本・巴圖塔不得不決定要保住自己的性命，還是先讓他喜愛的女奴逃生。

我佇立在普塔勒姆城外，注視著數百畝的鹽盤在夕陽下閃爍著晶光。水鳥優雅地漫步於每座鹽盤一側，有如鑽石一般晶瑩剔透的小鹽山之間。鹽──普塔勒姆的白金。一名古代模樣的人戴著髒汙的頭蓋帽手持看起來很古老的木製工具辛苦幹活。我後來才知道，摩洛哥人也使用相同的工具收成海鹽。看著落日西沉，我回想剛結束的這一段旅程。我身處二十一世紀，追逐十四世紀一名摩洛哥人在當時的阿拉伯世界被稱為薩蘭迪布的島上遊歷的足跡。對阿拉伯人來說，這裡是出產肉桂、香料、珍珠、紅寶石、大象、船舶、驍勇君王、聖山的神祕地方，造就出舉世聞名的天方夜譚和奇幻傳說。

對我來說，它單純只是我歸屬的所在——薩蘭迪布，世上最美麗的島嶼，或者就像伊本．巴圖塔說得如此迷人的……家鄉記憶所喚起的渴盼，對家人摯友的思念，對祖國的愛，在在觸動我心，在我眼裡，我的祖國是其他所有國家比不上的（吉柏）。

POSTSCRIPT

後記

讓我們慷慨助人，猶如河川長流不息。
讓我們慈悲溫婉，猶如陽光普照。
讓我們隱藏別人的錯誤，猶如黑夜掩飾萬物。
讓我們的憤懣和怨憎，猶如亡者死寂。
讓我們謙卑虛心，猶如山谷深廣。
讓我們寬容，猶如海納百川。
讓我們表裡如一，心口如一。

魯米

我展開這一趟旅程時，蘭卡正經歷另一次族裔——宗教的動盪。名為「佛教力量」（Bodu Bala Sena/the Buddhist Power Army）的佛僧好戰組織正醞釀煽動對於蘭卡弱勢族群的仇恨。他們的目標主要是全國各地高人氣的基督教會和穆斯林社群。政府當局不願意挺身遏止宗教霸凌，加上愈來愈多的公民，包括我熟識的人在內，對於宗教少數族群表現出不滿，我個人開始質疑，在我出生的國家裡自己的定位和角色。

當時我還不知道，二零一九年復活節週日的恐怖爆炸案會發生。真正令我驚駭的，是肇事者來自伊斯蘭的極端份子。同一個國家裡的一個弱勢族群會對另一個弱勢族群採取如此暴力和惡意的攻擊令我震撼不已。這使得我開始檢視自己所屬的社群和信仰所主張的一切。

斯里蘭卡的穆斯林社群經歷了很大的轉變。溫和的蘇菲派前身屈服於沙烏地瓦哈比派／薩拉菲派鼓動的偏狹和僵化。他們在穿著上的改變，以及偶爾在公開場合激烈展現的信仰實踐，只會讓先前與其餘大眾交融一氣的社群變得疏離。像我這樣的溫和派和自由派，大多數已經被穆斯林強硬派吹毛求疵的自以為是嚇壞。

我很高興自己能夠在更和平愉快的時光裡探究伊本・巴圖塔的行蹤。在二零一五至二零一七年為了這目的走訪全國各地期間，我幾乎沒看到人們對斯里蘭卡的少數族群有絲毫敵意。在那一趟旅程裡，我反而看到這國家真正多元且兼容並蓄的樣貌。我擔憂這樣的多元包容的特質會在未來消失。

我衷心希望，這一趟旅行中在蘭卡所有社群裡感受到的佛教的慈、悲、喜、捨四無量心，會再次大行其道。

以不忿勝忿。
以善勝不善。
以施勝慳吝。
以實勝虛妄。
佛陀，法句經（二二三偈）

給讀者的話

儘管在這本書裡我經常使用阿拉伯人一詞，我想提醒讀者，這個標籤涵蓋了西亞和北非，指的是在伊斯蘭教出現之前和之後，從那地區來的所有商人、傭兵和宗教人士。

讀者會納悶，為何我用殖民時期的名稱「亞當峯」來稱呼聖足峯。為了忠於伊本·巴圖塔的視角，我刻意選擇阿拉伯旅人和朝聖者所熟知的，也是世上其他地方普遍知曉的名稱。話說回來，在斯里蘭卡，絕大多數的僧伽羅佛教徒都稱之為聖足峯。

我在蘭卡尋索伊本·巴圖塔蹤跡的旅程，斷斷續續跋涉了一千兩百公里路，前後超過一年。我想澄清，在途中某一點我曾回頭，甚至嘗試另一條路線。提姆·麥金塔—史密斯說得好：旅行是許許多多的干擾的總和。我想像在這本書出版後，我甚至會再去尋訪伊本·巴圖塔可能走過的路線，但願會有更多的遭遇，讓我對這國家有更豐富深邃的體會。

謝辭

在我完成這本書之際，對於我的伊本・巴圖塔之旅提供協助的很多人，光說一聲感謝顯得很不足。有太多人寄文章和書籍給我，透過電郵關心我的進度，並且在這趟實地走訪的旅程以及文學旅程中給我莫大的支持，讓我既感動又開心。因此，對於以某種方式參與了這趟旅程的一部分的每一個人，謝謝你們陪伴過我，對我所做的事表示興趣，並且給我鼓勵。你們無法想見，與你們相遇帶給我多麼大的幫助，不僅幫忙我聚焦重點，也在我洩氣時讓我重拾熱情。

不過還是有一些人我非提起不可：我要大大感謝愛荷華大學國際寫作計畫的團隊，沒有你們，就不會有這一趟探險。Chris Merrill、Natasa Durovicova 和 Kelly Bedian——寫這本書的靈感來自你們，以及「絲路：遺產、貿易、實地考察計畫」（Silk Routes: Heritage, Trade, Practice Project）授予我補助金，讓我展開研究調查。感謝在伊本・巴圖塔行蹤裡隨進隨出的每位旅伴（Sunela Jayewardene、Karu Herat、Mirak

Raheem、Jack Oorloff、Nisreen Jafferjee、Amayi Mandawala、Rahula Perera 和 Chulani Kodikara），謝謝你們讓這趟旅程美妙無比。你們每一位都帶給我獨特的觀點，把原本很艱鉅的旅行變成樂趣無窮的體驗。感謝花時間和精神與我見面並分享見解的所有人，從索瑪斯里．戴文德拉海軍中校到我的叔伯 Zubayr、Iqbal 和 Hussein Caffoor、Kamila Yehya、Ramla Wahab、Sammy Macan Markar、介紹我認識提姆．麥金塔—史密斯的 Sharm Aboosally，麥金塔—史密斯的大作《與丹吉爾人同行》在很久很久以前引領我進入伊本．巴圖塔的世界，還要特別感謝伊斯梅斯．拉希姆（Ismeth Raheem）帶給我大量的書籍、文章、地圖、建議和勸告——我無以回報，只有感謝、感謝再感謝……。

感謝 Avanti 和 Murtaza Esufally 以及 Ranjan Abeyewickrema 讓我借住他們在鄉下的美麗家屋，感謝 Sunela 為我安排其他超讚的住處、野餐地點、賞鳥行程和人跡罕至的散心景點，非常感恩！感謝我的讀者：Ismeth 和 Mirak Raheem、Shalini Wickremasuriya、Chulani Kodikara、Ibrahim Aziez 和 Sehaam Moheed，謝謝你們撥空花心思給我真誠的回饋。感謝我的編輯 Michael Meyler，謝謝你在這趟漫長又複雜的旅程裡一直陪伴著我，儘管我們之間存在著差異，偶爾還有激烈爭辯，但這本書沒有你是不可能完成的。

感謝我的父母，他們忍受了我兩年多在餐桌上大談特談伊本・巴圖塔，謝謝你們的興味、耐心和支持。感謝母親從這趟旅程一開始就不時寄給我剪報、書籍、文章和任何她認為對我有幫助的內容。感謝父親，他應我的要求，在三天內把德夫雷默里和山鳩內提的關於伊本・巴圖塔走訪斯里蘭卡的法文版原始章節翻譯出來，謝謝您。最後，感謝外子山姆，我每一趟公路旅程、小旅程和人生旅程的同伴，謝謝你找到我。雖然他可能會說，套托爾金（J. R. R. Tolkein）的話，不是所有漂泊的人都迷失方向。

【當代名家旅行文學】MM1161

在斯里蘭卡看見伊本・巴圖塔
肉桂、珍珠、紅寶石國度追尋中世紀最偉大旅行家的足跡

Ibn Battuta in Sri Lanka

作　　者❖ 阿米娜・胡賽因（Ameena Hussein）
譯　　者❖ 廖婉如
封面設計❖ 木木 lin
總　策　畫❖ 詹宏志
總　編　輯❖ 郭寶秀
內頁排版❖ 李偉涵
責任編輯❖ 洪郁萱
行銷企劃❖ 力宏勳

事業群總經理❖ 謝至平
發　行　人❖ 何飛鵬
出　　版❖ 馬可孛羅文化
台北市南港區昆陽街 16 號 4 樓
電話：886-2-2500-0888 傳真：886-2-2500-1951
發　　行❖ 英屬蓋曼群島商家庭傳媒股份有限公司城邦分公司
台北市南港區昆陽街 16 號 8 樓
客服專線：02-25007718；02-25007719
24 小時傳真專線：02-25001990；02-25001991
服務時間：週一至週五上午 09:30-12:00；下午 13:30-17:00
劃撥帳號：19863813 戶名：書虫股份有限公司
讀者服務信箱：service@readingclub.com.tw
城邦網址：http://www.cite.com.tw
香港發行所❖ 城邦（香港）出版集團有限公司
香港九龍土瓜灣土瓜灣道 86 號順聯工業大廈 6 樓 A 室
電話：852-25086231　傳真：852-25789337
電子信箱：hkcite@biznetvigator.com
馬新發行所❖ 城邦（馬新）出版集團
Cite（M）Sdn. Bhd.（458372U）
41, Jalan Radin Anum, Bandar Baru Seri Petaling,
57000 Kuala Lumpur, Malaysia.
電話：+6(03)-90563833　傳真：+6(03)-90576622
電子信箱：services@cite.my
輸出印刷❖ 中原造像有限公司
初版一刷❖ 2024 年 10 月
紙書定價❖ 480 元（如有缺頁或破損請寄回更換）
電子書定價❖ 336 元

國家圖書館出版品預行編目 (CIP) 資料

在斯里蘭卡看見伊本・巴圖塔：肉桂、珍珠、紅寶石國度追尋中世紀最偉大旅行家的足跡 / 阿米娜. 胡賽因 (Ameena Hussein) 作 ; 廖婉如譯 . -- 初版 . -- 臺北市 : 馬可孛羅文化出版 : 英屬蓋曼群島商家庭傳媒股份有限公司城邦分公司發行 , 2024.10

面；　公分 . --（當代名家旅行文學 ; MM1161）

譯自 : Ibn Battuta in Sri Lanka.

ISBN 978-626-7520-16-1（平裝）

1.CST: 遊記 2.CST: 斯里蘭卡

737.69　　113012342

城邦讀書花園
www.cite.com.tw

ISBN：9786267520161（平裝）
ISBN：9786267520154（EPUB）